ARBEITSHEFT

Praxis Sprache

9

Sprechen · Schreiben · Lesen

Herausgegeben von Wolfgang Menzel

Erarbeitet von Sabine Haeske
Ute Hirth
Angelika Kluger
Roswitha Radisch
Günter Rudolph
Jürgen Schäfer
Roland Henke
Harald Herzog
Ursula Sassen

Illustriert von Konrad Eyferth

westermann

Liebe Schülerin, lieber Schüler,

dieses Arbeitsheft möchte dir Hilfen geben für das Schreiben von Texten, für das Rechtschreiben, für die Grammatik und darüber hinaus für das Lesen und das selbstständige Arbeiten.

Mit diesem Heft kannst du fast immer ganz für dich selbst arbeiten. Beim Ausfüllen der Seiten wäre es gut, wenn du zuerst immer mit Bleistift schreiben würdest, damit du dich noch verbessern kannst.

Die meisten Aufgaben kannst du schriftlich in diesem Arbeitsheft lösen. Bei einigen Aufgaben, in denen es um das Schreiben von Texten geht, ist es allerdings manchmal notwendig, dass du in dein Heft oder auf ein zusätzliches Blatt schreibst. Dieses Blatt solltest du anschließend in deiner Deutsch-Mappe abheften.

Wenn du unsicher bist, ob du alles richtig gemacht hast, dann findest du hinten die Lösungen zu den meisten Aufgaben. Auch in einer Wörterliste kannst du die Wörter nachschlagen, bei deren Schreibung dir Zweifel kommen. Aber denke daran: Nicht gleich im Lösungsteil nachschauen, sonst lernst du wenig bei deiner Arbeit!

Die Aufgaben in diesem Arbeitsheft dienen der **Sicherung** und **Vertiefung deines Wissens** und **Könnens**. So kannst du dich also mit Hilfe dieses Arbeitsheftes auch gezielt auf bevorstehende **Prüfungen** im Fach Deutsch **vorbereiten**.

westermann GRUPPE

Druck A ^{13} / Jahr 2020
Alle Drucke der Serie A sind im Unterricht parallel verwendbar.

Redaktion: Regina Nußbaum
Layout und Herstellung: Christiane Gmelin
Umschlaggestaltung: Konrad Eyferth, Thomas Schröder
Satz: Designbüro Arndt + Seelig, Bielefeld
Druck und Bindung: Westermann Druck GmbH, Braunschweig

ISBN 978-3-14-**121289**-1

Inhalt

Statistische Angaben einordnen und bewerten

Der ideale Lehrling

Ausbildungsplätze sind knapp. Doch nach Auskunft zahlreicher Ausbildungsbetriebe können etliche Lehrstellen nur schwer oder gar nicht besetzt werden. Wie ist dieser Widerspruch zu erklären? Als maßgeblichen Grund hierfür nennen die Betriebe, dass die Bewerberinnen und Bewerber nicht den Anforderungen entsprechen, d. h. nicht die notwendigen Schlüsselqualifikationen besitzen. Worum handelt es sich nun bei diesen Qualifikationen? Über welche Fähigkeiten sollte der „ideale Lehrling“ verfügen?

Bei einer Umfrage hat sich folgende „Qualifikations-Hitparade“ der Ausbildungsbetriebe ergeben: Spitzenreiter ist die **Zuverlässigkeit**: 94 % aller Befragten legen also großen Wert auf Pünktlichkeit und ordentliche Arbeit. Der Zuverlässigkeit dicht auf den Fersen folgen mit 91 Prozentpunkten schulische Basisfähigkeiten: Das **Beherrschen des Lesens, Schreibens, Rechnens** ist für die meisten Betriebe bei der Einstellung von Azubis ein absolutes Muss. Dagegen landen speziellere Qualifikationen, wie z. B. **Englischkenntnisse** und **wirtschaftliche Kenntnisse,** mit je 29 % auf den hinteren Plätzen. Nur **naturwissenschaftliche Kenntnisse** (17 %) wurden noch weniger nachgefragt sowie die **Medienkompetenz**, die mit 9 % das Schlusslicht bildet. Diese Qualifikationen spielen bei der Vergabe von vielen Ausbildungsplätzen vergleichsweise eine Nebenrolle. Dagegen platziert sich auf Rang fünf **Höflichkeit/Freundlichkeit** (78 %), gefolgt im Mittelfeld von **Verantwortungsbewusstsein** (75 %), **gutem Allgemeinwissen** (68 %) und **Selbstständigkeit** (65 %) sowie **Ausdauer/Belastbarkeit** (60 %) auf Platz zehn. **Kritikfähigkeit** und **Konfliktfähigkeit** landen ziemlich abgeschlagen auf unteren Positionen mit nur 48 % und 40 %. Den „idealen Lehrling“ wünschen sich die Betriebe wohl doch eher anpassungsfähig, fleißig und engagiert. Denn **Teamfähigkeit** (87 %) und **Leistungsbereitschaft** (85 %) belegen in der Hitliste der Qualifikationen einen wichtigen dritten und vierten Platz.

1 Welches ist für dich die wichtigste Aussage des Textes? Notiere sie hier:

____

____

____

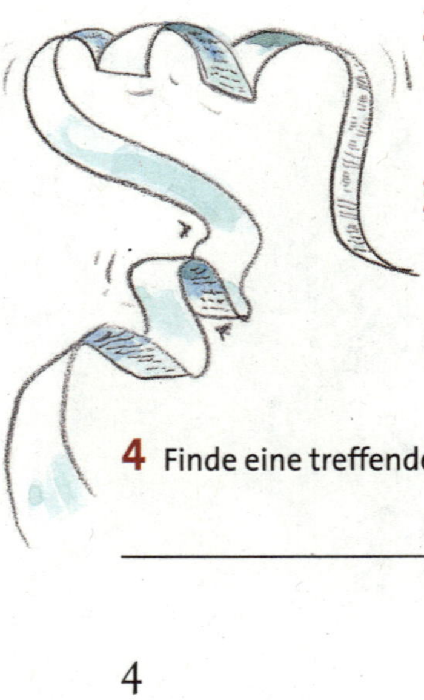

2 Lies den Text noch einmal überfliegend und markiere dabei alle Prozentangaben farbig.

3 Übertrage die Prozentangaben in die Balken des Diagramms auf der nächsten Seite.
Schreibe die dazugehörigen Schlüsselqualifikationen dahinter. Im Text sind sie fett gedruckt.

4 Finde eine treffende Überschrift für das Balkendiagramm.

____

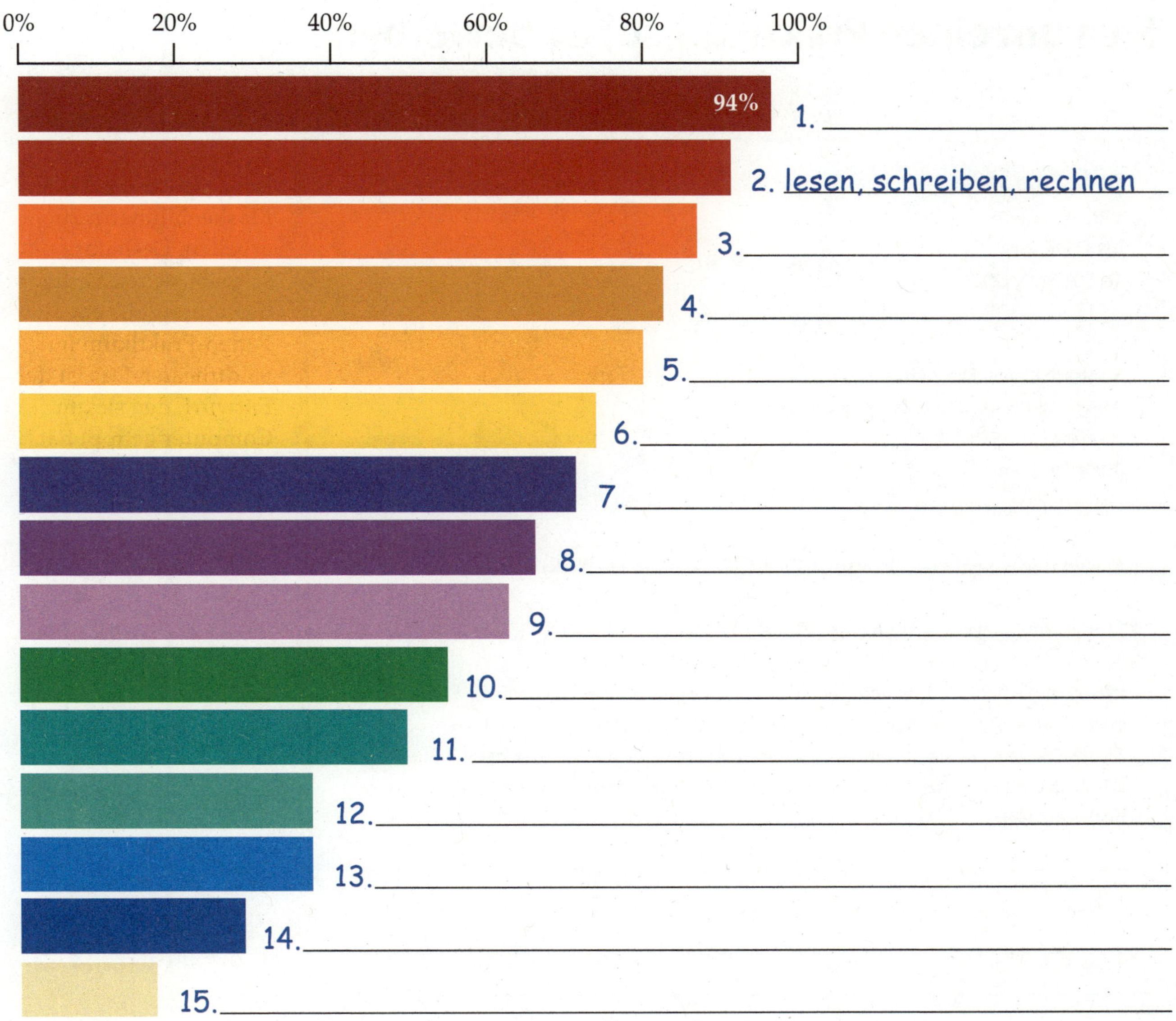

5 Lies die folgenden Aussagen und notiere, von welcher Schlüsselqualifikation hier die Rede ist.

____
Inhaberin einer Modeboutique

____
Ausbildungsleiter einer Sparkasse

____
Malermeister

____
Zahnärztin

____
Speditionskauffrau

____
Leiter eines Kindergartens

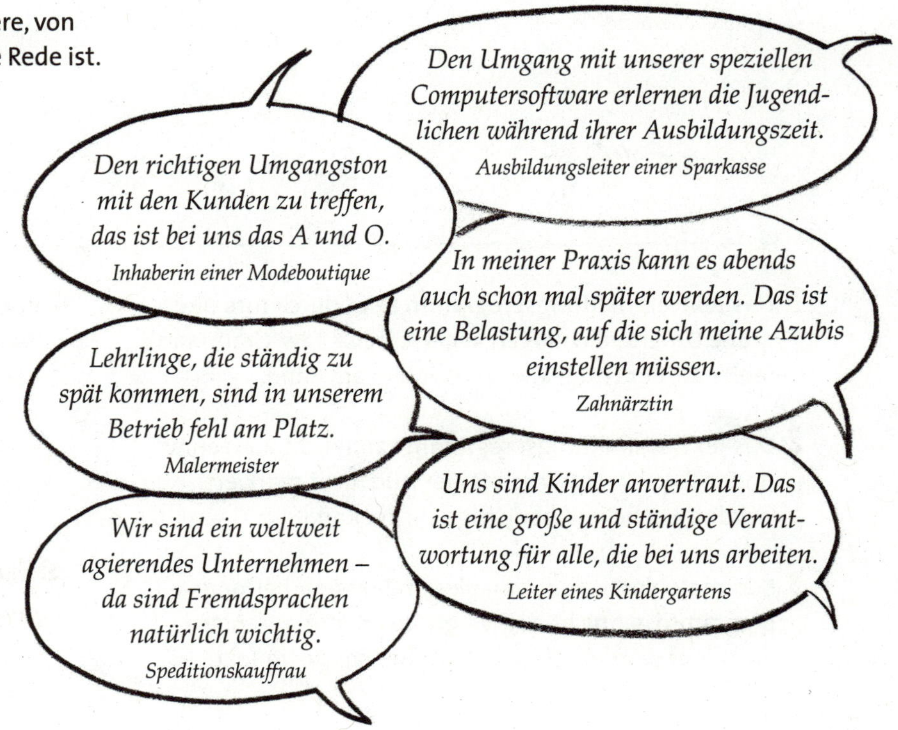

Sich um einen Praktikumsplatz bewerben

Vanessa Radtke
Winterstraße 28
01139 Dresden
Tel.: 03 51/XXXXX

Dresden 18. Mai 2...

Staatsschauspiel Dresden
Abteilung Personal und Zentrale Dienste
Postfach 120 752
01008 Dresden

Bewerbung um ein Praktikumsplatz in der Maskenbildner-Werkstatt

Sehr geerte Damen und Herren

in der Schule habe ich erfahren, das sie Praktikumsplätze für Schüler anbieten. Hiermit bewerbe ich mich um ein zweiwöchiges Praktikum im Juli 2... in Ihrer Maskenbildner-Werkstatt. Ich bin 15 Jahre alt und besuche die 9. Klasse der 9. Mittelschule in der Lommatzscher Straße in Dresden. Für dieses Praktikum interressiere ich mich sehr, weil ...

____

____

____

____

Ich würden mich wirklich sehr freuen wenn ich mich persöhnlich bei ihnen vorstellen dürfte.

Mit freundlichen Grüssen,

Vanessa Radtke

Vanessas großer Traum ist es, später einmal als Maskenbildnerin zu arbeiten. Deshalb schreibt sie auch eine Bewerbung für ein Ferien-Praktikum im Stadttheater. Das ist der Entwurf, den sie am Computer getippt hat.

1 Das Textverarbeitungsprogramm zeigt durch rote und grüne Unterstreichungen Rechtschreib- bzw. Grammatikfehler an. Berichtige die sechs Fehler am Rand.

2 Das Textverarbeitungsprogramm kann nicht alle Fehler finden. Zwei Rechtschreibfehler sind nicht markiert worden. Suche und berichtige sie am Rand.

3 Kommafehler werden von diesem Textverarbeitungsprogramm gar nicht angezeigt. Drei Kommas fehlen und eines wurde zu viel gesetzt. Berichtige im Text.

4 Wie kann Vanessa ihr Interesse an diesem Praktikumsplatz deutlich machen?
- Schreibe ein oder zwei begründende Sätze auf die freien Linien oben.
- Dafür kannst du einige der folgenden Stichwörter als Anregung nutzen:

Wunschberuf Kunstunterricht Schultheatergruppe schminken zeichnen entwerfen frisieren basteln gestalten Faschingsparty Musicalaufführung Masken aus Pappmaché

Einen Lebenslauf schreiben

Die meisten Betriebe erwarten von ihren Bewerbern einen kurzen tabellarischen Lebenslauf. Doch inzwischen wird manchmal auch ein ausführlicher Lebenslauf verlangt, den du – ganz altmodisch – mit der Hand schreiben musst. Der Grund dafür liegt darin, dass die Betriebe wissen möchten, wie flüssig und sauber du einen zusammenhängenden Text schreiben kannst.

Lebenslauf

Ich heiße Sören Berger und wurde am 10. 12. 1992 in Dresden geboren. In der malerischen Uniklinik Dresden erblickte ich zum allerersten Male das Licht der Welt. Meine Eltern sind die Zahntechnikerin Brigitte Berger, geb. Werner, und der Einzelhandelskaufmann Hans-Peter Berger. Ich habe zwei jüngere Geschwister: meine Schwester Lea-Christin (12 Jahre) und meinen Bruder Leon (8 Jahre). Natürlich liebe ich meine kleinen Geschwister, aber manchmal nerven sie mich ganz gehörig. Wie meine ganze Familie gehöre auch ich der protestantischen Kirche an. 1998 wurde ich in die Grundschule eingeschult und besuchte sie vier Jahre lang. Aus beruflichen Gründen zogen meine Eltern mit uns Kindern im Sommer des Jahres 2002 nach Dortmund. Ich ging nun in die 5. Klasse der Gustav-Heineman-Gesamtschule und blieb dort bis zur 8. Klasse. Dann wechselten wir im Jahre 2005 erneut den Wohnort und zogen nach Ostfriesland. Eigentlich wäre ich ja lieber in Dortmund geblieben, aber inzwischen habe ich mich hier in der Kleinstadt ganz gut eingelebt. Zurzeit besuche ich die 9. Klasse der Carl-Gittermann-Realschule in Esens, die ich voraussichtlich im Sommer 2008 mit dem erweiterten Sekundarabschluss I verlassen werde.
In der Schule mag ich besonders die naturwissenschaftlichen Fächer und Politik. Kunst ist allerdings nicht so mein Ding, da bin ich leider total unbegabt. Ich nehme an der Internet-AG der Schule teil und beschäftige mich auch zu Hause mit dem Computer. Ich besitze Grundkenntnisse in MS Word, Excel und PowerPoint.
In meiner Freizeit spiele ich Tischtennis im Verein und kümmere mich um meinen Hund. Mein Bogie ist ein wunderschöner Golden Retriever. Außerdem treffe ich mich häufig mit Freunden und gehe gern ins Kino. Ich lese täglich Zeitung und informiere mich regelmäßig in den Nachrichten über das aktuelle Weltgeschehen.

Esens, 18. Mai 2007

Sören Berger

1 Einige Sätze gehören nicht in einen Lebenslauf. Streiche sie im Text durch.

2 Bei manchen Angaben im Lebenslauf musst du entscheiden, ob du sie erwähnen oder lieber weglassen möchtest. Zu welchen Punkten findest du in Christians Lebenslauf **keine** Informationen?

- ☐ Berufe der Eltern
- ☐ Staatsangehörigkeit
- ☐ Konfession
- ☐ Praktikum
- ☐ Berufswunsch
- ☐ Begründung von Wohnortwechseln

3 Verfasse deinen eigenen ausformulierten Lebenslauf.
- Am besten fertigst du erst einmal eine Vorschrift an und überprüfst sie anschließend.
- Schreibe deinen Lebenslauf dann sauber mit dem Füller auf ein weißes DIN-A4-Blatt.
- Benutze ein Linienblatt und lass oben und unten, rechts und links jeweils 2–3 cm Rand.

Texte lesen und verstehen

Am folgenden Beispiel werden Arbeitsschritte gefestigt, die dir helfen, den Inhalt von Sachtexten zu erschließen und ausgewählte Informationen weiterzuverwenden.

1 Verschaffe dir zuerst einmal einen Überblick. Lies dazu den Text orientierend. Notiere anschließend ganz grob, worum es im Text überhaupt geht.

Debatten online

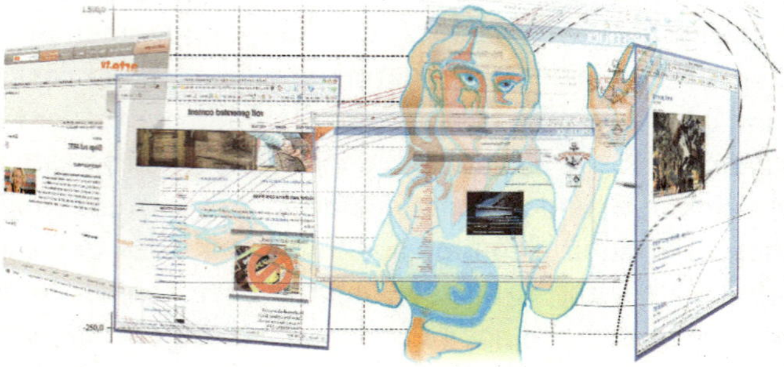

Weblogs entwickeln sich zum Standort für engagierte Diskussionen

Von Andrea Mertes

Ein neuer und rasant wachsender Trend im Internet sind die Weblogs (Kurzform: Blogs). Darunter versteht man Internetseiten, die regelmäßig aktualisiert werden und deren neuester Beitrag immer an erster Stelle steht. Leser können Kommentare dazu verfassen, also die Seiten bewerten und ergänzen.

Blogs zu finden, ist einfach. Suchmaschinen wie blogg.de bieten Zugriff auf rund 60 000 deutschsprachige Projekte.

Alle diejenigen, die eine solche Internetseite, also ein Blog, unterhalten, nennt man Blogger. Das kann sowohl ein Reporter oder EDV-Fachmann mit seiner Link-Sammlung sein als auch eine Tagebuchschreiberin mit Fotoalbum oder ein Bürger, der sich journalistisch betätigt.

Bloggen ist in: Weltweit stellen Millionen Menschen ihre Notizen des täglichen Lebens online; alle 7,4 Sekunden entsteht ein neues Blog, hat eine US-Studie ermittelt. Die inhaltliche Spannbreite reicht so weit, wie das Leben vielfältig ist. Da tauschen sich Teenager über ihre Clubererlebnisse aus, Popstars berichten für Fans aus ihrem Leben, und Urlauber verbreiten Momentaufnahmen von beeindruckenden Begebenheiten aus fernen Ländern. Augenzeugen werden so zu Reportern, Alltagserlebnisse zu hoch gehandelten Geschichten. In den USA ist für diese virtuelle Gemeinschaft bereits ein eigener Begriff geboren worden: „Pyjamahadin“ nennen sie dort Menschen, die gleich nach dem Aufstehen an den Computer eilen, um der Welt ihre Sicht der Dinge mitzuteilen. Manche Blogs dienen aber auch geschäftlichen Interessen, z. B. der Vorstellung und Bewertung von neuen Produkten.

Zunehmende Bedeutung erreichen die Weblogs so auch für die Wirtschaft, denn viele Internetnutzer tauschen ihre Erfahrungen zu Produkten aus und berücksichtigen das beim nächsten Einkauf oder der Buchung einer Ferienreise.

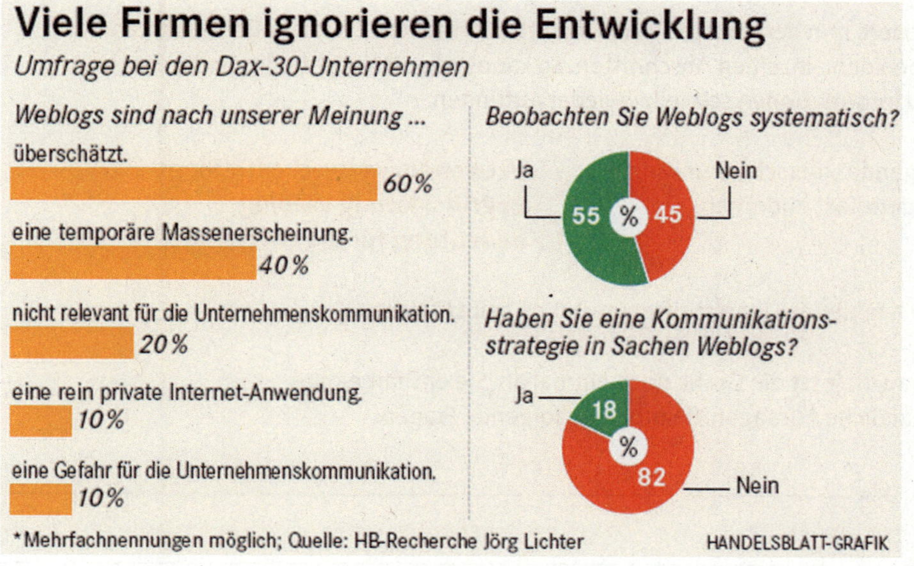

In vielen Großunternehmen werden Weblogs jedoch noch ignoriert – trotz aller Warnungen von Kommunikationsberatern.

Wer selbst ein Blog ins Netz stellen will, hat es relativ leicht. Man gibt über eine Suchmaschine den Begriff *Bloggen* ein und erhält eine Auswahl von Angeboten, ohne Programmierkenntnisse in ca. vier Minuten kostenlos ein eigenes Weblog zu erstellen.

Wenn das Blog erst einmal im Netz steht, werden die ersten Kommentare der Leser und Hinweise auf ähnliche Seiten (Vernetzung) schnell folgen. Die Seite ist dann ein öffentliches Forum. Wie alle Bürger müssen sich Blogger an Gesetze halten – etwa die Strafvorschriften zum Schutz der persönlichen Ehre. Volksverhetzende, rassistische oder pornografische Inhalte rufen den Staatsanwalt auf den Plan. Gegen Beleidigung und Rufschädigung kann geklagt werden.

Umstritten ist, ob ein Blogger auch für Kommentare einstehen muss, die Besucher schreiben. Schon aus Vorsichtsgründen empfiehlt es sich deshalb, die eingestellten Inhalte regelmäßig zu kontrollieren. Und: Das Lieblingsgedicht oder der beste Songtext aller Zeiten, sie alle unterliegen dem Urheberrecht.

2 Jetzt liest du den Text und die Grafik genauer. Kreise dabei die Begriffe oder Textstellen ein, die du nicht sofort verstehst. Kläre Unverstandenes anschließend mit einem Nachschlagewerk.

Dax = Deutscher Aktienindex: errechneter Durchschnittswert der dreißig wichtigsten deutschen Aktien

temporär =

3 Gliedere nun den Text in Sinnabschnitte. Formuliere Zwischenüberschriften neben den einzelnen Abschnitten. So kannst du dich leichter im Text orientieren und Informationen schneller wieder auffinden.

Folgende Überschriften kannst du dem Text zuordnen:

- **Verwendungszwecke für Blogs**
- **Begriffsklärung Weblog**
- **Bedeutung für die Wirtschaft**

Noch fehlende Überschriften musst du selbst finden.

4 Schau dir jetzt die Grafik noch einmal an. Sie enthält einige zusätzliche Aussagen. Beantworte folgende Fragen:

Was sagt die Überschrift aus? ______________________________

____

____

Welche Firmen sind befragt worden? ______________________________

____

____

Wann erfolgte die Befragung? ______________________________

____

____

Wie schätzen die Firmen die Bedeutung der Weblogs für sich ein? ______________________________

____

____

Was unternehmen die Firmen hinsichtlich der Weblogs? ______________________________

____

____

5 Kreuze an, welche der folgenden Aussagen zur Grafik richtig oder falsch sind.

	richtig	falsch
a) 45 % der Firmen beobachten Weblogs systematisch.	○	○
b) 18 % der Firmen nutzen die Weblogs aktiv für ihr Unternehmen.	○	○
c) Befragt wurden Firmen, die zu den 30 wichtigsten der deutschen Wirtschaft gehören.	○	○
d) 60 % der befragten Firmen messen den Weblogs keine große Bedeutung bei.	○	○

6 In welchem Zusammenhang steht die Grafik mit dem Text? ___________________________

____

____

7 Nun wird es dir nicht schwerfallen, folgende Fragen zum Text zu beantworten und andere über den neuen Trend im Netz zu informieren. Markiere dir dafür zuerst die entsprechenden Textstellen und schreibe die Lösungen dann mit eigenen Worten auf.

Wie heißt der weltweit neue Trend im Internet? ___________________________

____

Was ist unter diesem Trend zu verstehen? ___________________________

____

____

Wer kann sich daran beteiligen? ___________________________

____

____

Warum nehmen Millionen Menschen daran teil? ___________________________

____

____

Welche Gefahren bringt das Bloggen aber auch mit sich? ___________________________

____

____

Welche Bedeutung hatten die Blogs 2005 für die dreißig wichtigsten Unternehmen der deutschen Wirtschaft?

____

____

Wie beurteilst du die Bedeutung der Weblogs? Begründe.

____

____

____

Informationen aus Texten entnehmen

1 Formuliere zunächst deine Erwartungen und Fragen an den Inhalt des Textes.

Unter der Oberfläche brodelt das Leben

Nasa findet flüssiges Wasser auf dem Mars

Washington. Deutliche Hinweise auf flüssiges Wasser auf dem Mars nähren nach Ansicht der US-Weltraumbehörde Nasa die Hoffnung, Spuren von Leben auf dem Roten Planeten zu finden. Wie die Behörde jetzt bekannt gab, zeigen Bilder einer Sonde Ablagerungen in zwei Rinnen, die auf fließendes Wasser in den vergangenen sieben Jahren hindeuteten. Die Fotos von 2004 und 2005 dokumentierten zwei hellfarbige, sich fingerförmig verästelnde Rinnen, die vom Zusammenspiel von Sedimenten und Wasser herrühren könnten. Dies sei der bislang „stärkste Beweis" dafür, dass gelegentlich Wasser auf dem Mars fließt, sagte der Leiter des Nasa-Marsprogramms, Michael Mayer.
Wasser in flüssiger Form gilt als notwendig für die Entstehung kleinster lebender Organismen. Es könnte der Beweis sein, dass es außerhalb des Planeten Erde Lebewesen gab oder gibt. Die mehrere hundert Meter langen Rinnen auf dem Mars seien auf früheren Aufnahmen von derselben Stelle auf der Marsoberfläche nicht zu erkennen gewesen, erklärte die Nasa. In ihnen sei vermutlich Schlamm geflossen, etwa so viel, wie fünf bis zehn Schwimmbecken fassen könnten, sagte der Wissenschaftler Kenneth Edgett. Da die Temperaturen auf dem Planeten für flüssiges Wasser viel zu niedrig sind, glauben die Forscher, dass das Wasser aus dem Mars-Inneren austritt und Gesteinsmaterial mit sich schwemmt, bevor es gefriert. Bisher habe es nur Beweise für das Vorkommen von Wasser auf dem Mars vor sehr langer Zeit gegeben, sagte Edgett. „Aber heute reden wir von flüssigem Wasser, das jetzt da ist." Der heute eisige Mars war einst warm und hatte ein feuchtes Klima. An seinen Polen existieren noch gefrorene unterirdische Wasserreservoirs. Aus solchen unterirdischen Wasseransammlungen könnte auch das Wasser stammen, das die jüngsten Krater hervorgerufen haben könnte.
Die Forscher stützten sich auf Fotografien der Sonde, die seit 1997 etwa 240 000 Aufnahmen des Roten Planeten zur Erde gefunkt hat. Seit November hat die Nasa allerdings den Kontakt zu dem Beobachtungssatelliten verloren.
Eine Bodenstation auf dem Mond, die die USA bis 2020 bauen wollen, soll künftig die Erforschung erleichtern. Vom Mond aus sollen bemannte Forschungsflüge zum Mars starten. Russland erklärte sich gestern bereit, gemeinsam mit den USA an einem Programm zur Erforschung des Mondes teilzunehmen. Russland selbst will ab 2007 fünf unbemannte Mondmissionen starten. (afp/ap)

2 Welche deiner Erwartungen aus Aufgabe 1 wurden beim Lesen des Textes bestätigt?

3 Beantworte nun folgende Fragen zum Text. Markiere dir zunächst die entsprechenden Textstellen und schreibe dann die Antworten auf.

Warum hat der Nachweis von Wasser auf dem Mars so große Bedeutung?

Woran können die Forscher beweisen, dass es schon einmal flüssiges Wasser auf dem Mars gegeben hat?

Welche Hinweise fördern die Hoffnung, Leben auf dem Mars in der unmittelbaren Gegenwart nachzuweisen?

4 An einer Stelle im Text wird erklärt, welchen Weg das flüssige Wasser heute wahrscheinlich auf dem Mars nimmt. Markiere die Stelle und zitiere sie.

5 An zwei Stellen im Text fügt der Autor wertende Kommentare ein:

Schreibe auf, welchen Standpunkt der Autor darin vertritt.

Wasser in flüssiger Form gilt als notwendig für die Entstehung kleinster lebender Organismen. Es könnte der Beweis sein, dass es außerhalb des Planeten Erde Lebewesen gab oder gibt. […]
Der heute eisige Mars war einst warm und hatte ein feuchtes Klima. An seinen Polen existieren noch gefrorene unterirdische Wasserreservoirs. Aus solchen unterirdischen Wasseransammlungen könnte auch das Wasser stammen, das die jüngsten Krater hervorgerufen haben könnte.

____

____

____

____

6 Der Autor verwendet einmal im Text die wörtliche Rede. Markiere sie.
Mehrfach gibt er den Inhalt aber auch in Form der indirekten Rede wieder.
Formuliere die indirekte Rede in wörtliche Rede um. Vergleiche die Wirkung.

Indirekte Rede Die Fotos von 2004 und 2005 dokumentierten zwei hellfarbige, sich fingerförmig verästelnde Rinnen, die vom Zusammenspiel von Sedimenten und Wasser herrühren könnten. Dies sei der bislang „stärkste Beweis" dafür, dass gelegentlich Wasser auf dem Mars fließt, sagte der Leiter des Nasa-Marsprogramms, Michael Mayer.

Direkte Rede ______________________________

____

____

____

Indirekte Rede Die mehrere hundert Meter langen Rinnen auf dem Mars seien auf früheren Aufnahmen von derselben Stelle auf der Marsoberfläche nicht zu erkennen gewesen, erklärte die Nasa. In ihnen sei vermutlich Schlamm geflossen, etwa so viel wie fünf bis zehn Schwimmbecken fassen könnten, sagte der Wissenschaftler Kenneth Edgett.

Direkte Rede ______________________________

____

____

____

7 Erkläre, warum der Autor an diesen Stellen die indirekte Rede bevorzugt verwendet hat.

____

____

____

Die vier Seiten einer Äußerung ermitteln

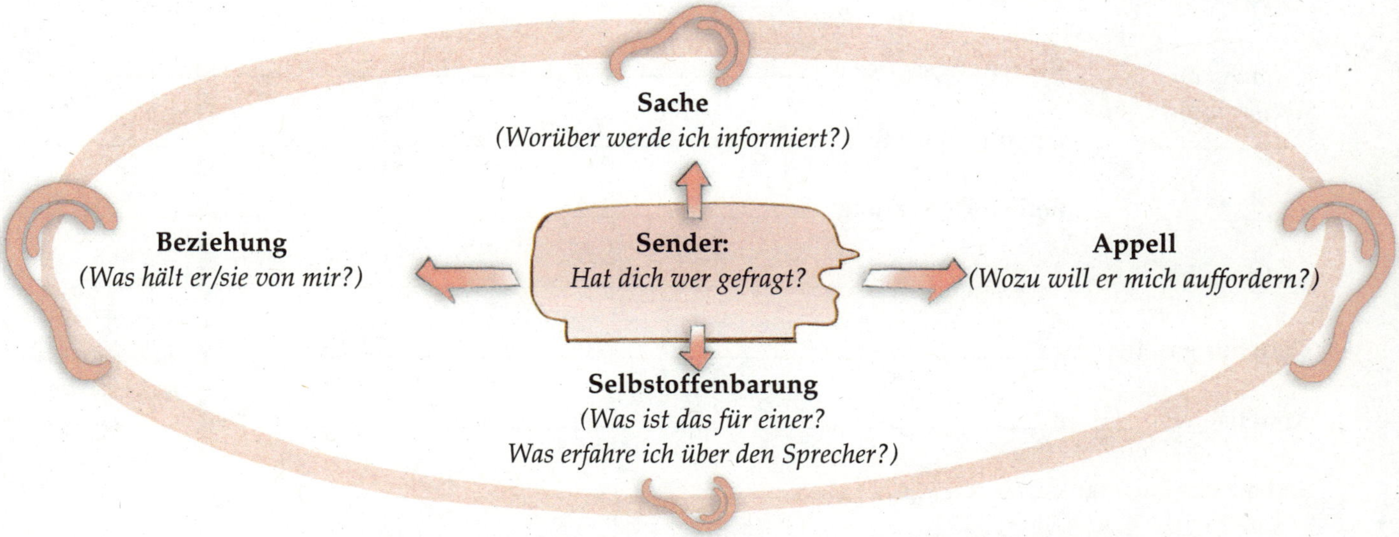

Wenn Menschen miteinander reden, treten mitunter Kommunikationsprobleme auf. Man hat nicht immer die Zeit, lange über das Gesagte oder Gehörte nachzudenken. Aber man muss wissen, dass *neben den eigentlichen Worten* immer noch eine Menge mehr herauszuhören ist. Meist dominiert eine der vier oben genannten Seiten. Nimm dir nun einmal Zeit, um hinter die Kulissen zu schauen.

In einer Gruppenarbeitsphase wird diskutiert:

Hannah: „Ich finde, Ihr solltet erst einmal Mike's Begründung anhören."
Robert: „He Hannah, hat dich wer gefragt?"

1 Versetze dich in die Rolle von Hannah und untersuche, welche Seiten von Hermanns Nachricht du heraushören kannst. Ordne die folgenden Möglichkeiten der jeweiligen Seite unten zu.

a) Es ist keine wirkliche Frage. Wer so zu mir spricht, achtet meine Meinung nicht. Er lehnt mich ab.
b) Er meint wohl, ich soll still sein; nur was sagen, wenn ich gefragt werde.
c) Hermann will selbst sagen, was passiert. Er ist sehr dominant.
d) Er fragt, ob mich jemand gefragt hat.

Sachseite:
Worüber werde ich informiert?

____

____

Beziehungsseite:
Was hält er/sie von mir?

____

____

Appellseite:
Wozu will er mich auffordern?

____

____

Selbstoffenbarung:
Was erfahre ich über den Sprecher?

____

____

2 Beschreibe nun die unterschiedlichen Seiten folgender Aussagen auf Seite 16. Gehe so vor wie in Aufgabe 1. Kreuze die Seite an, die deiner Meinung nach dominiert.

Auf dem Schulhof:

Sachseite:

Beziehungsseite:

Appellseite:

Selbstoffenbarung:

Sachseite:

Beziehungsseite:

Appellseite:

Selbstoffenbarung:

Sachseite:

Beziehungsseite:

Appellseite:

Selbstoffenbarung:

Zu Hause:

Sachseite:

Beziehungsseite:

Appellseite:

Selbstoffenbarung:

Sachseite:

Beziehungsseite:

Appellseite:

Selbstoffenbarung:

Sachseite:

Beziehungsseite:

Appellseite:

Selbstoffenbarung:

Ein Gespräch auswerten

In der Klasse 9 gibt es immer wieder Schülerinnen und Schüler, die ihre Hausaufgaben nicht erledigen. Die Lehrerin beauftragt ihre Klasse, sich in Kleingruppen über den Sinn von Hausaufgaben auszutauschen.

1 In einer Gruppe entwickelt sich das folgende Gespräch. Lies den Dialog.

HEINER: Also, ich finde, Hausaufgaben sollten abgeschafft werden. Man hat überhaupt keine Freizeit mehr. Und was bringt es?

ANNE: Vielleicht solltest du's mal ausprobieren. Und von wegen keine Freizeit. Du hängst doch jeden Nachmittag mit deinen Kumpels aus der 9a vor der Kaufhalle rum.

LUKAS: Streberleiche! Kein Wunder, dass Alex mit dir Schluss gemacht hat.

ANNE: Mit dir rede ich gar nicht! Wenn du deine Hausaufgaben machen würdest, hättest du vielleicht manchmal ein bisschen Ahnung, was im Unterricht so abgeht.

PAUL: Was soll das? Lasst uns endlich zum Thema kommen. Julia, sag du auch mal was!

JULIA: Ich finde Hausaufgaben wichtig. Man merkt dann, ob man im Unterricht alles verstanden hat. Hausaufgaben, die ein neues Thema vorbereiten, finde ich prima. Da kann man viele eigene Ideen einbringen. Aber wenn dann die Ergebnisse nicht verglichen werden, hat alles keinen Sinn.

HEINER: Eben! Außerdem reicht es doch, wenn man in der Schule mitmacht. Was soll das bringen, wenn manche ihre Eltern einspannen, wenn es schwierig wird? Anne, gib doch zu, dass deine Mutter ein „Bienchen" für deine Hausaufgaben bekommen müsste! Die hat doch Angst, dass ihr Goldtöchterchen mal nicht glänzen könnte!

ANNE: Spinnst du? Du Penner!

PAUL: Ungerecht ist es schon, wenn manchen geholfen wird und manchen nicht. Wie sollen die Lehrer dann wissen, ob wir's kapiert haben oder nicht?

LUKAS: Wenn die Lehrer die Hausaufgaben wenigstens erklären würden, dann …

JULIA:: Tun sie doch. Aber du packst doch immer schon ein, wenn die Aufgaben besprochen werden.

LUKAS: Du hast wohl Augen am Hinterkopf!?

ANNE: Manchmal würde ich am Nachmittag auch lieber was anderes machen, irgendetwas, was mir Spaß macht. Nicht nur das, was ich muss.

HEINER: Genau! Man soll sich viel bewegen. Wir sitzen eh schon stundenlang in der Schule rum, dann noch die „Hausaufgabensitzung". Kein Wunder, dass die Ärzte zunehmend Haltungsschäden bei Schülern feststellen.

PAUL: Du kannst ja nach jeweils 20 Minuten eine Stretchingrunde einlegen. Aber mal im Ernst: Ich lerne eigentlich am meisten bei den Hausaufgaben. Da habe ich Zeit und Ruhe, etwas auszuprobieren, ein bisschen zu knobeln. Kein schlechtes Gefühl, wenn man es ohne fremde Hilfe geschafft hat.

ANNE: Vor allem in Englisch geht gar nichts ohne Hausaufgaben. Vokabeln und grammatische Regeln muss man sich schon zu Hause einprägen. Sonst ist ja alles gleich wieder vergessen.

PAUL: Ich fasse jetzt einmal zusammen, welchen Sinn wir im Erledigen der Hausaufgaben sehen und welche Bedenken wir haben: …

2 Sicher kennst du solche Diskussionen auch.
Was hältst du von dieser Art des Kommunizierens miteinander?

3 Welche Äußerungen blockieren möglicherweise das Gespräch?
Notiere entsprechende Textstellen und begründe.

4 Im Dialogtext erhältst du auch Hinweise auf das Verhältnis einzelner Personen untereinander. Was stellst du fest? Begründe kurz mit Textbeispielen.

Was hält Lukas von Anne?

Was denkt Anne über Lukas?

Welche Rolle hat Paul in der Diskussion? ______________________________

____

____

____

Wie stehen Lukas und Julia zueinander? ______________________________

____

____

____

5 Beurteile den Verlauf des Gesprächs.
- Beantworte dabei folgende Fragen. Orientiere dich am Text.
- Formuliere am Schluss Vorschläge zur Verbesserung der Diskussion.

a) Welches Ziel hatte das Gespräch?
b) Wurde das Ziel erreicht?
c) Wurde sachlich diskutiert, gab es „Nebenschauplätze" (Abschweifen vom Thema)?
d) Konnte jede Person ausreden?
e) Wurde auf den Vorredner eingegangen?
f) Wie war das Verhältnis der Redeanteile?
g) War der Umgang miteinander fair und achtungsvoll?

____

____

____

____

____

____

____

____

____

Verbesserungsvorschläge:

____

____

____

____

Kommunikationsblocker erkennen

Äußerungen, die den sachlichen Verlauf des Gesprächs behindern, nennt man „Kommunikationsblocker“ oder „Straßensperren“.

a) warnen, drohen, kommandieren
b) moralisieren, predigen, belehren
c) herunterspielen, verniedlichen des Problems
d) beschimpfen, etikettieren (verallgemeinern)
e) verurteilen, beschuldigen
f) sich lustig machen, andere nicht ernst nehmen

1 Überprüfe, welche Art von „Kommunikationsblockern“ du in den folgenden Sätzen finden kannst. Schreibe den jeweiligen Buchstaben des „Blockers“ ins Kästchen dahinter.

1) So geht das nicht, das ist ja unmöglich. ☐
2) Ich habe es dir doch gleich gesagt, dass das nicht klappt. ☐
3) Gerade du hast es nötig, dich aufzuregen. ☐
4) Lass das, das kannst du sowieso nicht! ☐
5) Gib doch zu, dass du zu faul bist. ☐
6) Das wird Folgen haben, verlass dich darauf! ☐
7) Du musst deine Zeit besser planen. ☐
8) Wenn du so weitermachst, bleibst du sitzen. ☐
9) Mein Gott, stell dich nicht so an! ☐
10) Das ist doch Unsinn. ☐
11) Das gehört jetzt überhaupt nicht hierher. ☐
12) Das kann schon mein kleiner Bruder! ☐
13) Wie man sich nur solche primitiven Serien anschauen kann! ☐
14) Wenn man keine Ahnung hat, sollte man lieber den Mund halten. ☐
15) Hör auf zu jammern, sieh zu, dass du fertig wirst! ☐
16) Deine Probleme solltest du zu Hause lassen. ☐
17) Viel war das gerade nicht. ☐
18) Kannst du überhaupt was? ☐

2 Sicher hast du dich auch schon über Worte geärgert, die ein offenes Gespräch blockiert haben. Schreibe solche Äußerungen auf.

____

____

____

____

____

3 Solch unbedachte Äußerungen haben natürlich ihre Wirkung.
Untersuche einige Kommunikationsblocker (aus Aufgabe 1 oder 2).
Welche **Wirkung** hat die Äußerung auf den Hörer? Welches **Folgeverhalten** wäre denkbar?

Mögliche Wirkungen /Folgen:

Furcht — Beispiele: 6), ... ________________

Schuldgefühle — Beispiele: ________________

Gefühl der Unfähigkeit — Beispiele: ________________

Gefühl der Machtlosigkeit — Beispiele: ________________

Ärger — Beispiele: ________________

Trotz — Beispiele: ________________

Protest — Beispiele: ________________

Ablehnung — Beispiele: ________________

Rückzug — Beispiele: ________________

4 Du kannst es besser! Versuche einige Äußerungen so umzuformen, dass die sachliche Seite erhalten bleibt. Vermeide Kommunikationsblocker!

Blocker: *Hör auf zu jammern, sieh zu, dass du fertig wirst.* –> Brauchst du Hilfe?

Blocker: *Das glaubt dir doch keiner.* Besser: Ich habe da so meine Zweifel, denn ...

Blocker: ________________

Besser: ________________

Blocker: ________________

Besser: ________________

Blocker: ________________

Besser: ________________

5 Schreibe auf, wie du dir andere Botschaften wünschen würdest. Formuliere sie als Mutmacher!

____

____

____

____

Wirkung von Sprache untersuchen

Was wir sagen, ist prinzipiell mehrdeutig. Der Austausch von Informationen findet immer zwischen Partnern statt, die in einer ganz bestimmten Beziehung zueinander stehen. Diese **Beziehung beeinflusst** auch das, **was jeder Einzelne hört**. Mitunter kommen so Missverständnisse zustande, die das Gelingen der Kommunikation behindern könnten.

1 Lies das folgende Beispiel. Bei Tina kommt etwas anderes an, als der Vater sagen will. Wie könnte dieses Missverständnis zustande gekommen sein? Wähle aus und kreuze an.

Samstagnachmittag:
Werner sagt zu seiner Frau und seiner Tochter Tina: „Ich besuche heute die Oma."
Darauf Tina: „Ich habe keine Lust."
Werner: „Ich habe auch nicht gesagt, dass du mitgehen sollst.
Ich wollte nur sagen, was ich tun werde."

Erklärung:
a) Tina mag ihre Oma nicht sonderlich.
b) In der Vergangenheit musste Tina immer mit zur Oma gehen, auch wenn sie keine Lust hatte.
c) Tina hat heute schlechte Laune.
d) Tina hat sich über ihren Vater geärgert und möchte nichts mit ihm gemeinsam machen.

2 Untersuche auch die folgenden Situationen nach möglichen Ursachen für die Missverständnisse.

a) Anja bietet einer Frau im überfüllten Bus ihren Platz an. Empört reagiert die Frau: „Bin ich vielleicht behindert?"

b) Dirk erzählt nach den Ferien vom Familienurlaub in Bansin. Anja: „Ist das in Deutschland?" Dirk: „Es können sich nicht alle leisten, nach Ägypten zu fliegen."

Der Kommunikationsfachmann Paul Watzlawick hat einmal gesagt:
„Ich weiß nicht, ob das, was ich sage, auf einen Elefanten oder auf eine Maus trifft. Ich weiß also nie genau, was ich bei dem anderen auslöse."

3 Erläutere diese Aussage mit deinen Worten. Wofür steht der Elefant, wofür die Maus?

____

____

____

____

____

____

4 Wer ist in folgenden Äußerungen die „Maus", wer der „Elefant"?
Bei einem Beispiel wäre beides möglich. Begründe!

Inga: „Ich kann heute Abend nicht!"

Antworten:	Maus oder Elefant?
1. Ich glaube, du willst nichts mehr von mir wissen.	______
2. In Ordnung, vielleicht ein anderes Mal.	______
3. Macht nichts!	______
4. Nie hast du für mich Zeit!	______
5. Immer gibt es Wichtigeres für dich!	______
6. Ist vielleicht auch besser, wenn du nicht dabei bist.	______
7. Sag doch gleich, dass du keinen Bock auf meine Party hast.	______

5 Welche dieser sieben Antworten ist deiner Meinung nach mehrdeutig? Begründe.

____

____

____

____

____

____

Eine Fabel aus einem Prosatext reimen

Die Fabel ist eine meist kurze, lehrhafte Erzählung, in der Tiere menschliche Eigenschaften verkörpern. Besondere Merkmale sind gegensätzliche Einstellungen oder Verhaltensweisen der Tiere, die Ausrichtung auf eine wirkungsvolle Schlusspointe sowie eine direkte oder indirekte Lehre.

Der Igel

nach Gottlieb Conrad Pfeffel

Ein Löwe saß auf seinem Thron, der nur aus Knochen seiner erlegten Feinde bestand. Er dachte darüber nach, wie er sein Volk noch besser versklaven und seinen Feinden noch schneller den Tod bringen könnte. Plötzlich kam ihm ein Igel über den Weg gekrochen. „He! Wurm!", brüllte ihn der Despot an, packte ihn und hielt ihn zwischen seinen Klauen fest. „Dich verschling ich doch glatt mit einem Schluck!"

„Wohl wahr", sprach der Igel, „sicher kannst du mich verschlingen, aber ______________________________

____."

1 Welche Antwort könnte der Igel dem Löwen geben?
Vervollständige den letzten Satz.
Achte darauf, dass die Fabelmerkmale erhalten bleiben.

2 Diese Fabel ist im Original in Reimform nach dem Schema ABABCDDC geschrieben.
Versuche nun selbst einmal, die Fabel in Gedichtform aufzuschreiben.
Die Reimwörter sind zur Hilfe unterstrichen.
Du musst dich auf acht Verse beschränken und brauchst natürlich nicht alle Wörter aus dem Prosatext zu verwenden.

Tipps:
- Streiche Wörter und verkürze die Sätze.
- Substantiviere einige Verben.

____

____

____

____

____

____

____

____

Aus einer Fabel eine Geschichte schreiben

1 Lies die folgende Fabel zuerst einmal ganz, damit du weißt, worum es geht.

Die Seemuschel und der Krebs

Da, wo der weite Belt[1] den Deutschen nahgekommen,
Ward einst ein junger Krebs mit Unmut eingenommen.
Die Muschel, die ihr Haus itzt voneinanderzog,
Dann wieder so genau, als erst, zusammenbog,
Schien ihm weit glücklicher, als er in Kot und Höhlen.
„Ich", rief er dieser zu, „muss mich im Schlamme quälen;
Bald stößt der Nachbar mich aus meiner Wohnung aus;
Bald schreckt mich Sturm und Netz. Du hast dein eignes Haus;
Du kannst es, wenn du willst, itzt öffnen, nachmals schließen;
O dass wir Krebse nur so ärmlich wohnen müssen!
O Muschel, gönnst du mir, mir Ärmsten, noch ein Glück:
So lasse meinen Leib nur einen Augenblick
In deiner Wohnung ruhn und mich, bei meinem Grämen[2],
Auch einen kleinen Teil an deiner Ruhe nehmen."
„O", fing die Muschel an, „gefällt dir meine Ruh,
Schein ich dir glücklicher und sichrer noch als du:
So wisse nur, mein Freund, ich diene mit Vergnügen;
Du kannst dich in mein Haus, so oft du denkst, verfügen[3].
Ich mache Platz und Raum; genieße meine Ruh."
Der Krebs kreucht in das Haus; sie schließt es feste zu;
Der Krebs erstickt sogleich, und mitten im Ersticken
Muss er zu gleicher Zeit die Freundin mit erdrücken.

Oft macht ein dummer Dienst ein doppelt Unglück voll,
Stürzt den, der ihn erzeigt, den, dem er nützen soll.

Christian Fürchtegott Gellert

[1] Belt: zwei Meeresstraßen, die die Verbindung zwischen Ost- und Nordsee bilden
[2] Grämen: Unwohlsein, Trauer
[3] verfügen: verkriechen

2 Der Krebs ist mit seiner Art zu leben unglücklich. Worüber jammert er?

____

____

____

____

____

____

3 Was verspricht sich der Krebs von einem Leben, wie es die Muschel hat?
Markiere entsprechende Stellen im Text.

4 Schreibe mit eigenen Worten auf, welche Vorteile die Muschel zu bieten hat.
– Was sagt sie selbst?
– Wie sieht das der Krebs?

5 Welche Bitte trägt der Krebs vor? Schreibe die entsprechenden Verse heraus.

6 Schreibe die letzten zwei Verse mit eigenen Worten auf.

7 Schreibe auf, was die Lehre dieser Fabel für dich bedeutet.

8 Schreibe nun die gesamte Fabel in Form einer Geschichte in deinem Heft auf.
Denke an die wörtliche Rede. Du kannst auch in der Sprache der heutigen Zeit erzählen.

Eine Kurzgeschichte interpretieren 1

1 In der folgenden Kurzgeschichte der Jugendbuchautorin Margret Steenfatt fehlen noch einige Sätze. Lies die Geschichte erst einmal so, wie sie hier abgedruckt ist.

Im Spiegel

„Du kannst nichts", sagten sie, „du machst nichts, aus dir wird nichts." Nichts. Nichts. Nichts. Was war das für ein NICHTS, von dem sie redeten und vor dem sie offensichtlich Angst hatten, fragte sich Achim, unter Decke und Kissen vergraben. (1)

Achim schob sich halb aus dem Bett. Fünf nach eins. Wieder mal zu spät. Er starrte gegen die Zimmerdecke. – Weiß. Nichts. Ein unbeschriebenes Blatt Papier, ein ungemaltes Bild, eine tonlose Melodie, ein ungesagtes Wort, ungelebtes Leben. Eine halbe Körperdrehung nach rechts, ein Fingerdruck auf den Einschaltknopf seiner Anlage. (2)

Er robbte zur Wand, zu dem großen Spiegel, der beim Fenster aufgestellt war, kniete sich davor und betrachtete sich: lang, knochig, graue Augen im blassen Gesicht, hellbraune Haare, glanzlos. „Dead Kennedys"[1] sangen: „Weil sie dich verplant haben, kannst du nichts anderes tun als aussteigen und nachdenken." Achim wandte sich ab, erhob sich, ging zum Fenster und schaute hinaus. (3)

Zurück zum Spiegel, näher heran, so nahe, dass er glaubte, das Glas zwischen sich und seinem Spiegelbild durchdringen zu können. Er legte seine Handflächen gegen sein Gesicht im Spiegel, ließ seine Finger sanft über Wangen, Augen, Stirn und Schläfen kreisen, streichelte, fühlte nichts als Glätte und Kälte. Ihm fiel ein, dass in dem Holzkasten, wo er seinen Kram aufbewahrte, noch Schminke herumliegen musste. Er fasste unters Bett, wühlte in den Sachen im Kasten herum und zog die Pappschachtel heraus, in der sich einige zerdrückte Tuben fanden.

Von der schwarzen Farbe war noch ein Rest vorhanden. Achim baute sich vor dem Spiegel auf und malte zwei dicke Striche auf das Glas, genau dahin, wo sich seine Augenbrauen im Spiegel zeigten. Weiß besaß er reichlich. Er drückte eine Tube aus, fing die weiche ölige Masse in seinen Händen auf, verteilte sie auf dem Spiegel über Kinn, Wangen und Nase und begann, sie langsam und sorgfältig zu verstreichen. Dabei durfte er sich nicht bewegen, sonst verschob sich seine Malerei. (4)

Achim grinste seinem Bild zu, holte sich das Blau aus dem Kasten und färbte noch die Spiegelstellen über Stirn und Augenlidern. Eine Weile verharrte er vor dem bunten Gesicht, dann rückte er ein Stück zur Seite und wie ein Spuk tauchte sein farbloses Gesicht im Spiegel wieder auf, daneben eine aufgemalte Spiegelmaske. Er trat einen Schritt zurück, holte mit dem Arm weit aus und ließ seine Faust in die Spiegelscheibe krachen. Glasteile fielen herunter, Splitter verletzten ihn, seine Hand fing an zu bluten. Warm rann ihm das Blut über den Arm und tröpfelte zu Boden. Achim legte seinen Mund auf die Wunden und leckte das Blut ab. (5)

Der Spiegel war kaputt. Achim suchte sein Zeug zusammen und kleidete sich an. Er wollte runtergehen und irgendwo seine Leute treffen.

Margret Steenfatt

[1] eine amerikanische Punk-Band

2 Lies die Geschichte noch einmal und ordne die fehlenden Sätze ein. Schreibe die entsprechenden Ziffern auf die Linien. Überprüfe anschließend dein Ergebnis (Lösungsteil auf S. 69).

_____ Dabei wurde sein Gesicht rot verschmiert.

_____ Mit lautem Knall schlug die Tür hinter ihnen zu.

_____ Straßen, Häuser, Läden, Autos, Passanten, immer dasselbe.

_____ Manchmal brachte Musik ihn hoch.

_____ Schwarz und Weiß sehen gut aus, dachte er, fehlt noch Blau.

Eine Kurzgeschichte interpretieren 2

1 Nachdem du Margret Steenfatts Kurzgeschichte genau gelesen hast, überlege dir, worum es eigentlich geht, was das Thema ist. Lies dazu die folgenden Antworten und bewerte sie anschließend:

Kati: Es geht um einen Jungen, der mal wieder verschlafen hat. (1)
Julia: Da gibt es einen Jungen, der sich hinter einer Maske verstecken möchte. (2)
Marvin: Die berufstätigen Eltern kümmern sich zu wenig um ihren Sohn. (3)
Lars: Es geht um einen Jugendlichen, der wütend ist: auf seine Eltern und auf sich selbst. (4)
Nina: Achim malt sich bunt an, weil er ein Punker sein möchte. (5)
Kai: In der Kurzgeschichte wird eine alltägliche Situation beschrieben. (6)
Alex: Die Kurzgeschichte handelt von einem Jungen, der sich als Versager fühlt. (7)
Imke: Die Autorin stellt einen typischen Konflikt zwischen Eltern und Kindern dar. (8)
Igor: Es geht um einen Jungen, der von zu Hause abhaut, weil er ein Punker sein möchte. (9)
Tom: Es ist eine Geschichte von den Schwierigkeiten des Erwachsenwerdens. (10)
Michael: Es geht darum, dass ein Junge sich mit seinen Freunden treffen will. (11)
Lisa: Ein Junge hat Probleme, die er mit sich selbst – sogar gewaltsam – austrägt. (12)
Wiebke: Achim betrachtet sich im Spiegel, um etwas über sich selbst herauszufinden. (13)

2 Wessen Aussagen findest du ...

... eher falsch?

____

... zwar richtig, aber es werden nur inhaltliche Einzelheiten genannt?

____

... etwas zu allgemein?

____

... zutreffend?

____

3 Formuliere nun deine Antwort auf die Frage, worum es in der Kurzgeschichte „Im Spiegel" geht.

____

____

____

4 In die folgende Zusammenfassung hat sich ein inhaltlicher Fehler eingeschlichen. Markiere diese Textstelle und berichtige sie.

Inhaltsangabe

Gegen Mittag liegt Achim noch im Bett, weil er wieder einmal verschlafen hat. Es wird ihm vorgeworfen, er sei ein Nichtsnutz, aus dem nie etwas werde. Dann fällt die Tür laut ins Schloss. Achim stellt seine Anlage an und hört Punkmusik. Er steht auf, schaut aus dem Fenster und betrachtet sich im Spiegel. Weil ihm sein blasses und kaltes Spiegelbild nicht gefällt, beschließt er, sich zu schminken. Er malt sein Gesicht mit schwarzer, weißer und blauer Schminke an. Zuerst freut er sich über das bunte Spiegelbild. Aber als er dann sein eigenes farbloses Gesicht daneben sieht, wird er wütend und schlägt mit der Faust den Spiegel kaputt. Dabei verletzt er sich an der Hand und blutet. Achim zieht sich an, um in die Schule zu gehen.

____

Eine Kurzgeschichte interpretieren 3

1 Jede Geschichte hat eine Erzählerin, einen Erzähler.
Eine Geschichte kann aber ganz unterschiedlich erzählt werden.
Welche der folgenden Aussagen treffen auf die Erzählweise in Margret Steenfatts Kurzgeschichte „Im Spiegel" (Seite 27) zu?
Kreuze an.

Die Erzählerin …

1. spricht die Leser in der Geschichte direkt an. ☐
2. erzählt aus der Sicht einer Person in der Ich-Form. ☐
3. mischt sich in das Geschehen ein und bewertet das Geschehen. ☐
4. bleibt im Hintergrund. ☐
5. zeigt ihre Hauptperson Achim beschreibend, erzählend von außen. ☐
6. zeigt mit Gedankenrede und innerem Monolog innere Vorgänge Achims. ☐
7. erzählt im Präsens und Perfekt. ☐
8. erzählt im Präteritum und Plusquamperfekt. ☐
9. erzählt die Geschichte chronologisch, d. h. in der zeitlichen Reihenfolge. ☐
10. erzählt die Geschichte nicht chronologisch. ☐

2 Markiere in dem Auszug rechts Textstellen,
- in denen der Leser von außen sieht, was Achim tut,
- und in einer anderen Farbe Textstellen, in denen der Leser erfährt, was in Achim vorgeht, was er fühlt und denkt.

3 Wie verstehst du den Text des Liedes?
Welche Wirkung hat der Song wohl auf Achim?

___

___

___

Achim schob sich halb aus dem Bett. Fünf nach eins. Wieder mal zu spät. Er starrte gegen die Zimmerdecke. – Weiß. Nichts. Ein unbeschriebenes Blatt Papier, ein ungemaltes Bild, eine tonlose Melodie, ein ungesagtes Wort, ungelebtes Leben. Eine halbe Körperdrehung nach rechts, ein Fingerdruck auf den Einschaltknopf seiner Anlage. Manchmal brachte Musik ihn hoch. Er robbte zur Wand, zu dem großen Spiegel, der beim Fenster aufgestellt war, kniete sich davor und betrachtete sich: lang, knochig, graue Augen im blassen Gesicht, hellbraune Haare, glanzlos. „Dead Kennedys" sangen: „Weil sie dich verplant haben, kannst du nichts anderes tun als aussteigen und nachdenken." Achim wandte sich ab, erhob sich, ging zum Fenster und schaute hinaus. Straßen, Häuser, Läden, Autos, Passanten, immer dasselbe.

___

4 Markiere im Text auf Seite 27 alle Wörter, die sich auf Farben beziehen.
- Notiere die „Farben", in denen Achim anfangs seine Umgebung und sich selbst wahrnimmt.

___

- Wie verändern sich im Verlauf die Farbangaben? Was sagt das über Achims Gefühle aus?

___

___

___

Eine Kurzgeschichte interpretieren 4

1 In Kurzgeschichten wird nicht alles gesagt, manches bleibt offen: Das nennt man Leerstellen. Manchmal muss man zwischen den Zeilen lesen, um eine Textstelle verstehen zu können. Lies dazu den Anfang von Margret Steenfatts Kurzgeschichte „Im Spiegel“:

„Du kannst nichts“, sagten sie, „du machst nichts, aus dir wird nichts.“ Nichts. Nichts. Nichts. Was war das für ein NICHTS, von dem sie redeten und vor dem sie offensichtlich Angst hatten, fragte sich Achim, unter Decke und Kissen vergraben. Mit lautem Knall schlug die Tür hinter ihnen zu.

2 Wer könnten „sie“ sein? ___

3 Was werfen sie Achim vor? Wovor haben sie Angst? Wie wirken die Vorwürfe auf Achim?

___

___

___

4 Weshalb malt Achim sein Gesicht im Spiegel an?

___

___

5 Warum zerschlägt er anschließend den Spiegel?

___

___

6 Erkläre den Titel „Im Spiegel“.

___

___

7 Wie verstehst du den letzten Satz des Textes?
- Wer sind „seine Leute“? Wo könnte Achim sie treffen?
- Was sagt er wohl, wenn sie ihn nach seinen Verletzungen fragen?

___

___

8 Was erwartet Achim wohl von „seinen Leuten“?

___

___

Eine Kurzgeschichte interpretieren 5

1 Eine schriftliche Interpretation besteht aus verschiedenen Teilen.
Lies dazu die folgenden Hinweise und Beispielsätze.

2 Schreibe eine Interpretation zu der Kurzgeschichte „Im Spiegel“ (Seite 27).

1. Einleitungssatz und Inhaltsangabe

Nenne die Textsorte, den Titel, den Namen der Autorin und schreibe auf, um welches Thema es in der Geschichte eigentlich geht.

Die Kurzgeschichte „Im Spiegel", die von der Hamburger Jugendbuchautorin Margret Steenfatt geschrieben wurde, handelt von einem Jungen ...
In Margret Steenfatts Kurzgeschichte „Im Spiegel" geht es um Konflikte ...

Fasse dann den Inhalt kurz und sachlich zusammen. Schreibe von den Personen immer in der dritten Person. Verzichte auf wörtliche Reden und verwende das Präsens oder Perfekt.

Achim hat wieder einmal verschlafen. Mittags wird er von lauten Vorwürfen geweckt. ...

2. Analyse

Schreibe auf, welche sprachlichen Besonderheiten dir beim Lesen des Textes aufgefallen sind, z. B. Wiederholungen und besondere Wörter ...

Gleich zu Beginn der Kurzgeschichte wird das Wort „nichts" auffällig oft wiederholt. ...

Zu einer Interpretation gehört auch, dass du aufschreibst, wie der Text aufgebaut ist und wie er erzählt wird.

Der Text wird chronologisch in den Zeitformen der Vergangenheit erzählt. Die Erzählerin bleibt in dieser Geschichte ganz im Hintergrund. ...
Die Ereignisse werden dem Leser meistens aus der Außensicht gezeigt, z. B. als Achim die Schminke hervorkramt oder als er ...
Aber manchmal erfährt der Leser direkt, was in Achim vorgeht ...

3. Deutung

Achte in diesem Teil der Interpretation besonders auf die Leerstellen im Text, also die Stellen, bei denen man zwischen den Zeilen lesen muss. Beantworte die Fragen, die sich dir hier stellen. Mit der Beantwortung schreibst du deine Gedanken auf und erklärst, wie du die Geschichte verstehst und deutest.

Ich möchte mir jetzt die Ereignisse in dieser Kurzgeschichte erklären. ...
Ich verstehe gut, dass Achim ...
Ich finde es auffällig, dass Farben in dieser Geschichte eine besondere Rolle spielen. ...
Rätselhaft ist für mich, wie Achim auf die Idee mit der Schminke kommt ...
Ich versuche, mir das so zu erklären ...
Die Überschrift „Im Spiegel" ist ein Hinweis darauf, dass ...
Mir ist deutlich geworden, dass Achim sich in dieser Geschichte ...
... ist für mich, dass ...
... verstehe ich so ...
Man könnte das so deuten ...

Zum Abschluss kannst du z. B. aufschreiben, wie die Geschichte auf dich gewirkt hat. Was hat dir daran gefallen oder auch nicht? Welche Fragen sind für dich offengeblieben?

Mich hat beeindruckt, wie Achim den Spiegel zerschlagen hat. Ich denke, er hat sich damit selbst befreit. ...
Ich kann Achims Situation gut verstehen. Manchmal geht es mir so ähnlich ...
Wird es Achim helfen, wenn er seine Freunde trifft? Wird er wieder nach Hause gehen? Wird er ...? Das sind für mich die Fragen, die am Ende offenbleiben.

Einen Sachtext zur Klärung eines Begriffs analysieren

Aufklärung? **1** Dieser Begriff hat in unserem Sprachgebrauch mehrere Bedeutungen: Notiere einen Satz zu jedem Beispiel. **Aufklärung!**

– Was haben Polizei und Gerichte mit *Aufklärung* zu tun?

___

– Welche Rolle spielt *Aufklärung* bei kriegerischen Auseinandersetzungen?

___

– Worum ging es, als dich deine Eltern *aufgeklärt* haben?

___

2 Zu einer weiteren wichtigen Bedeutung kannst du dich hier informieren:

Aufklärung, Epochenbezeichnung für die vom Bürgertum getragene Emanzipationsbewegung, die die europäische Gesellschaft zwischen dem Ende des 17. und dem Ende des 18. Jahrhunderts von den Autoritätsansprüchen der Kirchen, der absoluten Monarchie und der Scholastik zu befreien suchte.
Grundüberzeugung der Aufklärung ist, dass die menschliche Vernunft die einzige und letzte Instanz ist, die über Methoden, Wahrheit und Irrtum ebenso entscheidet wie über die Normen des Handelns. Ihr Instrument ist die Kritik. Wesentlich ist die Forderung nach freier Meinungsäußerung und Toleranz gegenüber anderen Meinungen.
Die Aufklärung führt auf fast allen Gebieten zu bedeutenden Neuansätzen. Philosophie, Theologie, Geschichts-, Rechtswissenschaft und Pädagogik streben nach Fortschritt. In der Literatur entstehen Werke, die Weltbedeutung erlangen und bis heute Gültigkeit besitzen.

Aufklärung ist der Ausgang des Menschen aus seiner selbstverschuldeten Unmündigkeit. Unmündigkeit ist das Unvermögen, sich seines Verstandes ohne Leitung eines anderen zu bedienen. …
Habe den Mut, dich deines Verstandes zu bedienen! Das ist der Wahlspruch der Aufklärung.

Immanuel Kant
(bedeutender deutscher Philosoph, 1724–1804)

3 Kläre die folgenden Begriffe aus dem Text. Nutze auch ein Wörterbuch.

Epoche ___

Emanzipation ___

Autoritätsanspruch ___

absolute Monarchie ___

Scholastik ___

Instanz ___

4 Lies nun den Lexikontext oben und das Kant-Zitat noch einmal aufmerksam durch und schreibe wenigstens drei Begriffe (Wörter oder Wortgruppen) heraus, die das Wesen der Aufklärung deutlich werden lassen. Diskutiert über eure Vorschläge und darüber, ob und in welcher Weise sie auch heute noch Bedeutung besitzen.

Einen Brief umschreiben

1 Lies zunächst den einleitenden Text über Lessing. Kläre unbekannte Begriffe *(Theologie, Magister, Dramaturg, orthodoxe Geistlichkeit usw.)*. Das erleichtert das Verständnis für den unten abgedruckten Briefauszug. Lies diesen anschließend halblaut.

Gotthold Ephraim Lessing (1729–1781)

Der bekannteste und konsequenteste Vertreter der Aufklärung in der deutschen Literatur ist Gotthold Ephraim Lessing. Er wurde als Pfarrerssohn im sächsischen Kamenz geboren. Nach dem Besuch der Fürstenschule in Meißen studierte er Theologie und Medizin in Leipzig, Berlin und Wittenberg. 1752 legte er das Examen als Magister ab. Als Übersetzer, Redakteur, Sekretär, Dramaturg und Bibliotheksleiter führte er ein bescheidenes Leben bis zu seinem Tode in Braunschweig. Mit erfolgreichen Theaterstücken und vielen theoretischen Schriften wurde er weithin bekannt, er pflegte Kontakte mit vielen Persönlichkeiten seiner Zeit und erwarb sich hohe Achtung. Wegen seiner kritischen Haltung gegenüber den gesellschaftlichen Verhältnissen wurde er aber auch kritisiert und angefeindet. So hatte ein Streit mit dem Hamburger Hauptpastor Goeze, einem Sprecher der orthodoxen Geistlichkeit, der Kritiken oder auch nur Fragen zu seinen religiösen Auffassungen scharf entgegentrat, für Lessing schlimme Folgen. Goeze hatte ihm vorgeworfen, „die Religion in Grunde erschüttert, verächtlich und lächerlich gemacht" zu haben. Die Behörde in Braunschweig verbot auf sein Betreiben der Waisenhausbuchhandlung, Lessings Beiträge in diesem Streit zu drucken. Auch untertänigste Bittbriefe an den Herzog konnten hieran nichts ändern. So musste Lessing einen anderen Weg suchen, um seine Gedanken zu eigenem Denken, zu Meinungsfreiheit und Toleranz der Öffentlichkeit vorzustellen. – Die nächsten Arbeitsblätter zeigen hierzu Beispiele.

Auszug aus einem Brief Lessings an den Herzog Karl von Braunschweig

„Durchlauchtigster Herzog, Gnädigster Herr, was Euer Durchlaucht an die Waisenhausbuchhandlung zu erlassen geruhet, hat mich in die äußerste Bestürzung gesetzt. Da ich aber der gerechten Hoffnung lebe, dass Euer Durchlaucht auch noch ein Ohr für mich offen behalten haben, so unterstehe ich mich, den wahren Zusammenhang der Sache vorzulegen. …
Ich bin in dieser Streitigkeit nicht der angreifende Teil, sondern der angegriffene. Ich bin von einem Manne angegriffen worden, von dem genugsam bekannt ist, wie intolerant er gegen die unschuldigsten Meinungen ist, sobald sie nicht vollkommen seine Meinungen sind. Ich bin von ihm mit einer Wut angegriffen worden, gegen welche das Bitterste, was ich ihm geantwortet habe, nur Komplimente sind. Ich tue nichts Unanständiges, wenn ich annehme, dass diese Umstände Euer Durchlaucht nicht bekannt gewesen. Ich darf Euer Durchlaucht untertänigst bitten, diese Kleinigkeit einer Überlegung zu würdigen und der Buchhandlung des Waisenhauses näher bedeuten lassen zu wollen, dass unter dem Verbote meine *antigoezischen Blätter* nicht gemeint sind und sie solche nach wie vor in ihrem Verlage drucken lassen könne. …
Ich ersterbe in tiefster Devotion,
Euer Durchlaucht untertänigster Knecht Lessing. Wolfenbüttel, den 11. Julius 1778"

2 Formuliere den Brief in deinem Heft neu, so wie man ihn heute an ein Amtsgericht schreiben würde. Er wird sicher auch sehr viel kürzer ausfallen. Diskutiert über eure Lösungen in der Klasse.

3 Weitere Informationen über den Dichter und über die Lessing-Ehrungen in seiner Geburtsstadt Kamenz kannst du unter *www.lessingmuseum.de* einholen.

Eine Dramenszene interpretieren 1

1 Lies den einleitenden Text und den Dialog in Ruhe durch.

Als Lessing immer wieder verboten wurde, sich in Zeitschriftenbeiträgen zu religiösen Fragen zu äußern, entwarf er ein Theaterstück und stellte 1779 sein dramatisches Gedicht „*Nathan der Weise*" vor. Der *Nathan* gehört bis heute zur Weltliteratur und zu den meistgespielten Bühnenstücken überhaupt. Das Stück spielt in Jerusalem zur Zeit der Kreuzzüge. In der „Heiligen Stadt" leben Juden, Moslems und Christen als Vertreter dreier Religionen. Daraus ergeben sich Konflikte, die – verbunden mit Machtfragen – ein friedliches Zusammenleben sehr stark belasten.

In zwei Auftritten (Szenen) kleidet Lessing seine Überzeugungen in Dialoge und bringt sie auf diese Weise einem Publikum nah.
Gleich im 1. Auftritt des Dramas erfährt der reiche Jude Nathan nach der Rückkehr von einer Geschäftsreise, dass ein christlicher Tempelherr seiner Adoptivtochter Recha bei einem Brande das Leben gerettet hat. Das berichtet Daja, eine Christin, die als Hausdame Recha betreut. Weil der mutige Retter seitdem aber wie vom Erdboden verschwunden ist, schwärmt Recha von einem Engel. Daja spricht von einem Wunder.

DAJA. (…) Es sei ihr Tempelherr
Kein Irdischer und keines Irdischen.
Der Engel einer, deren Schutze sich
Ihr kleines Herz von Kindheit auf so gern
Vertrauet glaubte, sei aus seiner Wolke,
In die er sonst verhüllt, (…) als Tempelherr
Hervorgetreten. – Lächelt nicht! – Wer weiß?
Lasst lächelnd wenigstens ihr einen Wahn,
(…) – so einen süßen Wahn!
NATHAN. Auch mir so süß! – Geh, wackre Daja, geh!
Sieh, was sie macht, ob ich sie sprechen kann. –
Sodann such ich den wilden, launigen
Schutzengel auf. Und wenn ihm noch beliebt,
Hiernieden unter uns zu wallen,
(…) find ich ihn gewiss und bring
Ihn her.
DAJA. Ihr unternehmet viel.
NATHAN. Macht dann
Der süße Wahn der süßern Wahrheit Platz –
Denn, Daja, glaube mir, dem Menschen ist
Ein Mensch noch immer lieber als ein Engel –,
So wirst du doch auf mich (…) nicht zürnen,
Die Engelschwärmerin geheilt zu sehn?

2 Informiere dich über die Kreuzzüge. Wann fanden sie statt? ______________________

Wer führte sie durch? ______________________

Welche Ziele verfolgten die Kreuzritter? ______________________

3 Wie reagiert Nathan, als er von der „wundersamen" Rettung seiner Tochter erfährt?

____

4 Schreibe aus dem Dialog die Stelle heraus, auf die es Lessing besonders ankommt. Es sind zwei Zeilen.

____

____

Eine Dramenszene interpretieren 2

In den Mittelpunkt seines Dramas *„Nathan der Weise"* stellt Lessing einen Dialog zwischen Sultan Saladin, dem Herrscher über Jerusalem, und Nathan. Nathans Darlegungen bezeichnet man als *Ringparabel.*

SALADIN. (…) Da du nun
So weise bist, so sage mir doch einmal –
Was für ein Glaube, was für ein Gesetz
Hat dir am meisten eingeleuchtet?
NATHAN. Sultan,
Ich bin ein Jud'.
SALADIN. Und ich ein Muselmann.
Der Christ ist zwischen uns. –
Von diesen drei Religionen kann doch eine nur
Die wahre sein. (…)
(Er geht in das Nebenzimmer (…).)
(…) Ich komme dir doch
Nicht zu geschwind zurück? Du bist zu Rande
Mit deiner Überlegung. – Nun, so rede!
Es hört uns keine Seele.
NATHAN. Möcht auch doch
Die ganze Welt uns hören.
SALADIN. So gewiss
Ist Nathan seiner Sache? Ha! das nenn
Ich einen Weisen! Nie die Wahrheit zu
Verhehlen! (…) Mach! erzähl, erzähle!
NATHAN. Vor grauen Jahren lebt' ein Mann in Osten,
Der einen Ring von unschätzbarem Wert
Aus lieber Hand besaß. Der Stein war ein
Opal, der hundert schöne Farben spielte,
Und hatte die geheime Kraft, vor Gott
Und Menschen angenehm zu machen. (…)
Er ließ den Ring
Von seinen Söhnen dem geliebtesten
Und setzte fest, dass dieser wiederum
Den Ring von seinen Söhnen dem vermache,
Der ihm der liebste sei, und stets der liebste,
(…) in Kraft allein
Des Rings, das Haupt (…) des Hauses werde. –
Versteh mich, Sultan.
SALADIN. Ich versteh dich. Weiter!
NATHAN. So kam nun dieser Ring von Sohn zu Sohn
Auf einen Vater endlich von drei Söhnen,
Die alle drei ihm gleich gehorsam waren,
Die alle drei er folglich gleich zu lieben
Sich nicht entbrechen konnte. (…)
Das ging nun so, solang es ging. – Allein
Es kam zum Sterben, und der gute Vater
Kömmt in Verlegenheit. Es schmerzt ihn, zwei
Von seinen Söhnen
(…) so zu kränken. – Was zu tun? –
Er sendet in geheim zu einem Künstler,
Bei dem er nach dem Muster seines Ringes
Zwei andere bestellt. (…) Das gelingt
Dem Künstler. Da er ihm die Ringe bringt,
Kann selbst der Vater seinen Musterring
Nicht unterscheiden. Froh und freudig ruft
Er seine Söhne, jeden insbesondre,
Gibt jedem insbesondre seinen Segen –
Und seinen Ring – und stirbt. Du hörst doch, Sultan?
SALADIN *(der sich betroffen von ihm gewandt).*
Ich hör, ich höre! Komm mit deinem Märchen
Nur bald zu Ende. – Wird's?
NATHAN. Ich bin zu Ende.
Denn was noch folgt, versteht sich ja von selbst. –
Kaum war der Vater tot, so kömmt ein jeder
Mit seinem Ring, und jeder will der Fürst
Des Hauses sein. Man untersucht, man zankt,
Man klagt. Umsonst. Der rechte Ring war nicht
Erweislich – (…) fast so unerweislich als
Uns jetzt – der rechte Glaube.
SALADIN. Wie ? das soll
Die Antwort sein auf meine Frage? …
NATHAN. (…) Wie gesagt, die Söhne
Verklagten sich, und jeder schwur dem Richter,
Unmittelbar aus seines Vaters Hand
Den Ring zu haben – (…)
Der Richter sprach: Wenn ihr mir nun den Vater
Nicht bald zur Stelle schafft, so weis ich euch
Von meinem Stuhle. Denkt ihr, dass ich Rätsel
Zu lösen da bin? Oder harret ihr,
Bis dass der rechte Ring den Mund eröffne? –
Doch halt! Ich höre ja, der rechte Ring
Besitzt die Wunderkraft, beliebt zu machen,
Vor Gott und Menschen angenehm. Das muss
Entscheiden! (…)
Und also, fuhr der Richter fort –
(…) Mein Rat ist aber der: Ihr nehmt
Die Sache völlig, wie sie liegt. Hat von
Euch jeder seinen Ring von seinem Vater,
So glaube jeder sicher seinen Ring
Den echten! (…) Wohlan!
Es eifre jeder seiner unbestochnen,
von Vorurteilen freien Liebe nach!
Es strebe von euch jeder um die Wette,
Die Kraft des Steins in seinem Ring an Tag
Zu legen. (…)

NATHAN. Und wenn sich dann der Steine Kräfte
Bei euern Kindes-Kindeskindern äußern,
So lad ich über tausend tausend Jahre
Sie wiederum vor diesen Stuhl. Da wird
Ein weisrer Mann auf diesem Stuhle sitzen
Als ich und sprechen. Geht! – So sagte der
Bescheidne Richter.

SALADIN. Gott! Gott!

NATHAN. Saladin!
Wenn du dich fühlest, dieser weisere
Versprochene Mann zu sein …

SALADIN (*der auf ihn zustürzt und seine Hand ergreift, die er bis zum Ende nicht wieder fahren lässt*).
Ich Staub? Ich Nichts?
O Gott!

NATHAN. Was ist dir, Sultan?

SALADIN. Nathan, lieber Nathan! –
Die tausend tausend Jahre deines Richters
Sind noch nicht um. – Sein Richterstuhl ist nicht
Der meine. – Geh! – Geh! – Aber sei mein Freund.

1 Was bedeutet der Begriff *Parabel*? Inwiefern ist Nathans Erzählung eine Parabel?

____

____

2 An wen wendet sich Lessing mit der Ringparabel?
Unterstreiche die Textstelle, die diese Frage eindeutig beantwortet.

3 Was will Lessing mit Nathans Erzählung beim Leser oder beim Theaterbesucher erreichen?

____

____

4 Was meint Lessing, welche von den drei genannten Religionen die wahre, die richtige, die beste ist? Unterstreiche die entscheidende Stelle im Text. Wie denkst du darüber? Äußere dich in wenigen Sätzen.

____

____

____

5 Warum kann man den Juden Nathan mit Recht als einen *Weisen* bezeichnen?

____

____

6 Die Handlung in Lessings Drama liegt etwa 800 Jahre zurück. Schreibe in wenigen Sätzen auf, warum Lessings *Nathan* auch heute noch aktuell ist und einen festen Platz in der Weltliteratur gefunden hat.

____

____

____

____

Texte unter verschiedenen Gesichtspunkten lesen

Neben Lessing haben sich viele andere Persönlichkeiten um die Aufklärung verdient gemacht. Es war in dieser Zeit nicht leicht, sich mit den Meinungen und dem Handeln der Kirchen, der Monarchen und anderer Institutionen anzulegen und fortschrittliche Überzeugungen zu äußern. Am Beispiel von Lessing zeigt dies das Arbeitsblatt auf Seite 33.
Die folgenden drei Texte kritisieren Erscheinungen, die die Aufklärer überwinden wollten:

A: die veralteten Unterrichtsmethoden an den Schulen und anderen Bildungsstätten;
B: die Verdrängung der Tatsache, dass ein Geschehen oder ein Zustand von verschiedenen Personen unterschiedlich wahrgenommen und bewertet werden kann;
C: die Trägheit vieler Menschen, die Wirklichkeit erkennen zu wollen;
D: die Intoleranz vieler Menschen bei der Suche nach der Wahrheit.

1 Lies die drei folgenden Textstellen aufmerksam. Kreuze bei jedem Text an, welche Kritik (**A, B, C** oder **D**) in ihm zum Ausdruck kommt. (Auf einen Text treffen zwei Buchstaben zu.)

Georg Christoph Lichtenberg
(Physiker und Schriftsteller, 1742–1799):
„Man spricht viel von Aufklärung und wünscht mehr Licht. Was hilft aber alles Licht, wenn die Leute entweder keine Augen haben oder die, die sie haben, sie vorsätzlich verschließen?"
A B C D

Friedrich Gottlieb Klopstock
(Dichter, 1724–1803):
„Wenn du Wissenschaft lehrst und sie nicht mit lebender Anmut vorträgst, geht der Jüngling, der hört, zu dem lieberen Buche. Schneller lernt er sie dort und besser, weil er sie froh lernt.

Aber es kann auch kein Buch den erfreuenden Lehrer verdrängen, der, mit Beredsamkeit sprechend, den Jüngling begeistert.
A B C D

Christoph Martin Wieland
(Schriftsteller und Dichter, 1733–1813):
„Die Wahrheit ist etwas Verhältnismäßiges.

Etwas kann von einem Menschen als wahr emp-funden werden, was ein anderer für Irrtum und Blendwerk hält.

Anstatt miteinander zu hadern, wo die Wahrheit sei, wer sie besitze, lasset uns in Frieden zusam-mengehen oder, wenn wir des Gehens genug ha-ben, unter den nächsten Baum uns hinsetzen und einander offenherzig und unbefangen erzählen, was jeder gesehen und gehört hat oder gesehen zu haben glaubt, und je nicht böse darüber werden, wenn sich's von ungefähr entdeckt, dass wir falsch gesehen oder gehört haben.

Vor allem aber, liebe Brüder, hüten wir uns vor der Torheit, unsere Meinungen für unumstößliche Wahrheiten anzusehen und andern als solche vor-zutragen. Es ist ein widerlicher, harter Ton um die Unfehlbarkeit. Bescheidenheit würde uns vor dem einen und vor dem andern sicherstellen."
A B C D

2 Schreibe auf, was jeder der drei Aufklärer erreichen will.

Lichtenberg: ______________________________

____

Klopstock: ______________________________

____

Wieland: ______________________________

____

Alle Wortarten können zu Substantiven (Nomen) werden

Jedes Wort aus anderen Wortarten kann zu einem Substantiv (Nomen) werden und wird dann **großgeschrieben**: *Das ganze **Hin** und **Her** geht uns auf die Nerven.*
Signalwörter helfen dir, substantivierte Wörter zu erkennen und großzuschreiben:
- vorausgehender **Artikel** *(der, die, das);*
- vorausgehendes **Pronomen** *(du, sein, jemand);*
- vorausgehende **Präposition** *(vor, in, zu);*
- vorausgehender **Artikel + Präposition** *(ins, im);*
- vorangestelltes bzw. nachgestelltes **Attribut** (*das* ***ewige*** *Hin und Her* ***von Max***).

1 Unterstreiche in den folgenden Sätzen alle Substantive mit ihren Signalwörtern. Markiere die Substantive.

a) Der schiedsrichter erkannte das tor nicht an, da sich der spieler der gegnerischen mannschaft im abseits befand.

b) Die aufnahmen der überwachungskamera zeigten, dass es sich bei der maskierten person um eine sie handeln musste.

c) Durch die tür des restaurants kam kein irgendjemand, das war die bundeskanzlerin persönlich.

d) Die redner machten bei der diskussion ganz deutlich, dass es für sie bei diesem problem nicht um die vergangenheit ging, sondern dass die bedeutung für sie im hier und jetzt lag.

e) Ihre zwei im letzten test hat sie sich mit viel arbeit verdient.

f) Durch das rein und raus war keine ruhe in die veranstaltung zu bekommen.

g) Aus ihrer früheren gemeinsamen zusammenarbeit war inzwischen mehr und mehr ein gegeneinander geworden.

h) Durch seine rolle als der schurke im letzten fernsehkrimi war über nacht aus dem niemand ein begehrter star geworden.

i) Für alle anwesenden kam ihr nein bei der abstimmung völlig unvorbereitet und überraschend.

2 Schreibe alle Substantive zusammen mit den Signalwörtern aus den Sätzen von a) bis i) richtig in deinem Heft auf. Unterstreiche die Signalwörter und schreibe darunter, um welches Signalwort es sich handelt.

a) der Schiedsrichter — das Tor
Artikel — Artikel

Verben werden zu Substantiven (Nomen)

Wenn Verben zu Substantiven werden, betrifft das immer die Infinitive.
Die substantivierten Verben haben also immer **-n** oder **-en** am Wortende.
Deshalb muss man hier besonders auf die Signalwörter achten, die Hinweise auf die Substantivierung geben.
*schreiben – **das** Schreiben, segeln – **beim** Segeln, lächeln – **ihr glückliches** Lächeln*

1 Markiere im Text alle substantivierten Verben. Unterstreiche die Signalwörter, an denen du die Substantivierung erkennen kannst. Trage dann alle kursiv gedruckten Wörter richtig in die Lücken ein.

Im Herbst und im Frühjahr *(bieten)* ____________________ sich die Gebiete um die Insel Rügen zum *(beobachten)* ____________________ von Vögeln ganz besonders an. Während dieser Jahreszeiten ist in Mecklenburg-Vorpommern nämlich immer wieder ein großartiges Naturschauspiel zu *(bewundern)* ____________________. In den flachen Gewässern mit Süßwasser sind Tausende von Kranichen beim *(rasten)* ____________________ zu *(sehen)* ____________________. Sie *(fressen)* ____________________ sich hier die nötige Fettschicht an, um die Reise in den hohen Norden oder den weiten Süden gestärkt *(fortsetzen)* ____________________ zu *(können)* ____________________. Die wachsamen Kraniche *(lieben)* ____________________ diese Gewässer, deren Schilfgürtel ihnen Schutz beim *(ausruhen)* ____________________ *(bieten)* ____________________. Diese bis zu 1,20 Meter großen Vögel *(schlafen)* ____________________ nämlich im *(stehen)* ____________________, und Schilf und Wasser *(bieten)* ____________________ ihnen Schutz. Außerdem *(liefern)* ____________________ ihnen diese Rastplätze ausreichend Nahrung zum *(fressen)* ____________________. Inzwischen ist das *(überwintern)* ____________________ bei einer großen Anzahl von Kranichen schon eine Alternative zum beschwerlichen *(weiterfliegen)* ____________________ geworden. In milden Wintermonaten *(finden)* ____________________ sie auch in unseren Breiten ausreichend Nahrung zum *(überleben)* ____________________. Ungeklärt ist, ob sie wohl *(fühlen)* ____________________, wann das *(rasten)* ____________________ ungefährlich ist und wann sie besser *(weiterziehen)* ____________________ sollten. Die Antwort darauf wird vielleicht ihr *(verhalten)* ____________________ bei einem richtig harten Winter liefern.

Adjektive werden zu Substantiven (Nomen)

Vor substantivierten Adjektiven stehen oft ganz besondere Signalwörter.
Es handelt sich dabei um **Indefinitpronomen** (unbestimmte Pronomen) wie *etwas, alles, viel, wenig, allerlei, nichts: Ich wünsche dir* ***alles*** *Gute.*

Es gibt auch substantivierte Adjektive, die überhaupt kein Signalwort bei sich haben. Damit du die Substantivierung erkennst und dann auch großschreibst, helfen dir zwei Proben:

– die *Endungsprobe*: Substantivierte Adjektive enden zumeist auf **-es**:
Sie hatte ***Interessantes*** *zu berichten.*

– die *viel-Probe*: Wenn du das Wort *viel* vor das Adjektiv setzen kannst, dann ist es substantiviert und wird großgeschrieben:
Sie hatte ***viel*** *Interessantes zu berichten.*

1 Markiere in den folgenden Sätzen die sieben substantivierten Adjektive und streiche das jeweils falsch geschriebene Adjektiv durch. Stehen keine Indefinitpronomen vor den Adjektiven, nutze die beiden Proben.

a) Auf der letzten Abschlussparty ereignete sich um Mitternacht unglaubliches/Unglaubliches.

b) In ihrem Haus sahen auf den ersten Blick alle Möbelstücke ziemlich teuer/Teuer aus.

c) Saskias Vater mag Antiquitäten und kauft auf Flohmärkten altes/Altes jeder Art.

d) Ich finde, man kann in jedem Urlaubsort interessantes/Interessantes entdecken.

e) Die Ideen des Redners waren nicht gerade neu/Neu zu nennen.

f) Manchmal bringen neue/Neue wieder Schwung in eine Mannschaft.

g) Dem Wachtpersonal war bei dem Rundgang nichts ungewöhnliches/Ungewöhnliches aufgefallen.

h) Nach dem anstrengenden 5 000-m-Lauf waren alle Läufer noch Minuten nach dem Zieleinlauf etwas atemlos/Atemlos.

i) Der Fahrradfahrer hatte bei dem grellen Sonnenlicht das rot/Rot der Ampel einfach übersehen.

j) An dem neuen Film fanden die meisten nichts aufregend/Aufregend.

k) Auf Flohmärkten kann man mit Glück manchmal richtig wertvolles/Wertvolles günstig erwerben.

Ein Test zur Groß- und Kleinschreibung

1 An diesem Text kannst du noch einmal deine Kenntnisse zur Groß- und Kleinschreibung überprüfen. Markiere alle Substantive und unterstreiche die vorhandenen Signalwörter. Schreibe dann jeweils den Großbuchstaben über das Substantiv.

mikroelektronik erobert die medizin

Die mikrotechnologie ist mittlerweile nicht nur in der computerbranche für erfolgreiche entwicklung unersetzlich geworden. Zurzeit passiert auch in der medizin dank der elektronik unglaubliches. Viele kranke können mit ungeahnter hilfe rechnen. Inzwischen ist es keine zukunftsvision mehr, dass manche blinde und taube in naher zukunft wieder sehen und hören können. Die lösung heißt hier mikrochip. Noch ist es ein hoffen, doch die erfolge, die bereits mit diesen kleinen elektronik-bauteilchen erzielt worden sind, stimmen mehr als zuversichtlich. Durch das einpflanzen dieser kleinen hightech-winzlinge in den menschlichen körper können vielleicht bald die funktionen von organen, die nur eingeschränkt oder gar nicht mehr arbeiten, erhalten oder erneuert werden. Bereits jetzt verdanken viele menschen dem unsichtbaren funktionieren von herzschrittmachern ihr leben. Aber das einpflanzen winziger mikrochips ins auge oder unter die haut im ohr markieren den nächsten entwicklungsschritt. Mittlerweile ist das implantieren dieser elektronischen prothesen nichts außergewöhnliches mehr. In deutschland besitzen bereits mehr als 10 000 hörgeschädigte eine derartige hörprothese. Eine große zahl dieser eingriffe erfolgt bei hörgeschädigten kindern. Als etwas neues ist auch die diagnose durch mikrochips anzusehen. Beim einsetzen millimeterkleiner chips in adern werden daten über blutwerte gewonnen, denn diese chips sind zum auswerten und senden dieser blutwerte gedacht. Auch am kontrollierten verabreichen von medikamenten durch eingepflanzte mikrochips, die diese medikamente bereits enthalten, wird schon gearbeitet.

2 In dem Text gibt es insgesamt 59 Substantive. Zähle nach, wie viele du gefunden hast. Wenn es 54 und mehr sind, dann beherrschst du die Groß- und Kleinschreibung schon richtig gut.

Getrennt- und Zusammenschreibung

Einige Wörter werden manchmal von einem Verb getrennt geschrieben und manchmal mit dem Verb zusammengeschrieben. Du kannst zur Entscheidung drei Proben anwenden:

1. **Bedeutungsprobe:** Was ist mit der Fügung gemeint?
→ Behalten das andere Wort und das Verb ihre eigene Bedeutung, wird **getrennt geschrieben**: *Nach der Operation kann Maria <u>wieder</u> <u>sehen</u>.*
→ Bekommt das Verb in dieser Fügung eine andere Bedeutung, wird **zusammengeschrieben**: *Nach drei Jahren haben wir uns gestern zufällig <u>wiedergesehen</u>.*
2. **Betonungsprobe:** Welches Wort in der Fügung wird betont?
→ Wird eher das Verb betont, wird **getrennt geschrieben**: *Nach der Operation kann Maria wieder s<u>e</u>hen.*
→ Wird eher das andere Wort betont, wird **zusammengeschrieben**: *Nach drei Jahren haben wir uns gestern zufällig w<u>ie</u>dergesehen.*
3. **Einfügeprobe:** Können zwischen dem anderen Wort und dem Verb weitere Wörter stehen?
→ Ist das möglich, wird **getrennt geschrieben**: *Nach der Operation kann Maria wieder <u>sehr</u> <u>gut</u> sehen.*
→ Ist das nicht möglich, wird **zusammengeschrieben**: *Nach drei Jahren haben wir uns wieder (gestern zufällig) gesehen.*

1 Entscheide mit Hilfe der beiden Proben, welche Fügungen getrennt bzw. zusammengeschrieben werden müssen.

1) ***zu / blinzeln*** a) Die Sonne scheint nicht mehr, du brauchst nicht mehr ____________.

b) Er kann mir ____________, wie er will. Ich kann ihn nicht leiden.

2) ***zu / decken*** a) Wenn du erkältet bist, musst du dich gut ____________.

b) Der Verteidiger hat wohl vergessen, den Stürmer besser ____________.

3) ***zu / drehen*** a) Kannst du bitte den Wasserhahn fester ____________?

b) Versuch doch mal an diesem Schalter ____________, vielleicht läuft der Fernseher dann wieder.

4) ***zu / fahren*** a) Ich habe keine Lust, mit nach Hamburg ____________!

b) Ihr solltet jetzt ____________, sonst kommt ihr noch ins Gewitter.

5) ***zu / packen*** a) Donnerwetter, Peter kann ja richtig ____________!

b) Wir bekamen den Dieb einfach nicht ____________, so schnell rannte er davon.

6) ***zu / fliegen*** a) Wie macht er das bloß, dass ihm alle Herzen nur so ____________?

b) Hast du eigentlich noch vor, nach Amerika ____________?

2 Jeweils fünf der kursiv gedruckten Fügungen werden getrennt bzw. zusammengeschrieben. Bist du dir unsicher, kannst du die drei Proben anwenden.

1) Gestern war ich im Stadtmuseum. Ich möchte heute noch einmal *dahin* **?** *gehen*. ______________________

2) Ich stehe vorm Kino, warte eigentlich auf Niclas, und weißt du, wer so einfach *daher* **?** *kommt*? ______________________

3) Wenn wir so entschieden haben, müssen wir auch alle *dahinter* **?** *stehen*. ______________________

4) Wir wollen alles *daran* **?** *setzen*, bis zum Abend mit der Arbeit fertig zu sein. ______________________

5) Ich kann dich nicht verstehen, warum hast du eigentlich *dazu* **?** *geschwiegen*? ______________________

6) Wenn auch nicht alle damit einverstanden sein werden, ich würde es *wieder* **?** *tun*. ______________________

7) Nach seinem Tauchunfall musste Chris *wieder* **?** *belebt* werden. ______________________

8) Du solltest mit gutem Beispiel *voran* **?** *gehen*. ______________________

9) Ich möchte dich *darum* **?** *bitten*, die Vorbereitung auf die Klassenfahrt zu unterstützen. ______________________

10) Siehst du das gelbe Haus. Gleich *daneben* **?** *steht* mein Auto. ______________________

3 In den folgenden Sätzen sind vier von den *kursiv* geschriebenen Fügungen, die aus einem anderen Wort und einem Verb bestehen, falsch geschrieben. Markiere diese Fügungen farbig. Schreibe sie dann im Infinitiv richtig unter den Text.

Gestern hat sich Franz wieder einmal völlig *daneben benommen*. Die ganze Partystimmung hat *daruntergelitten*. Niemand ist *dazwischengegangen*, als er sich mit einigen von uns angelegt hat. Die meisten haben sogar *weg gesehen*. Nur Pit hat sich eingemischt und sich mit ihm *auseinander gesetzt*. Wir müssen nun wirklich mal *dahinterkommen*, warum sich Franz besonders auf Partys so verhält.

____

____

____

____

____

Worttrennung am Zeilenende

1) Wörter werden am Zeilenende nach Silben getrennt: *Mar - me - la - de.* Einzelbuchstaben am Wortanfang und -ende werden **nicht** abgetrennt, auch nicht bei zusammengesetzten Wörtern:
Aben - teu - er, Öse, Klaue, Etui, Ka - chel - ofen, Bio - müll, Ju - li - abend
2) Wenn an der Silbengrenze mehrere Konsonantenbuchstaben hintereinander stehen, kommt bei der Trennung nur der letzte auf die neue Zeile: *knusp - rig.*
3) Zusammengesetzte Wörter und Wörter mit Präfix werden nach Wortbausteinen getrennt: *Last - au - to, ver - ra - ten.*

1 Schreibe die folgenden Wörter getrennt auf. am kühnsten entscheiden bloßstellen dunkle (Nacht) knabbern Missstand vielleicht Mostrich Stresssituation städtisch Karpfen vollenden

____

____

____

____

Schlagzeilen

Olympiasieg aber-
kannt

Zechen stehen vor Stillle-
gung

Diesjährige Spar-
gelernte mit Rekordern-
te

Zustimmung durch Kreisel-
ternrat fehlt noch

Neues Radi-
ofachgeschäft eröffnet

Kein Angriff aufs Privatei-
gentum

Neuer Aussicht-
sturm eingestürzt

Große Nacht-
eile für deutsche
Industrie

Forderung nach Schulu-
niform wird lauter

2 Welche Wörter sind in den Schlagzeilen falsch getrennt? Schreibe sie richtig getrennt auf.

____

____

3 Welche Trennungen entsprechen den Regeln, könnten aber zu Missverständnissen führen? Trenne diese Wörter so, dass sie besser zu lesen und zu verstehen sind.

____

____

____

____

Fremdwörter

Fremdwörter bereichern unseren Wortschatz. Sie behalten zumeist ihre ursprüngliche Aussprache und Betonung *(cool)* und ihre ursprüngliche Schreibung *(Synthese)*. Um sie richtig schreiben zu können, orientiert man sich an Wortbausteinen, die in Fremdwörtern häufig vorkommen: *ex-*, *hyper-*, *ortho-*, *syn-*, *therm-*, *-age*, *-tät*, *-tion* … In Zweifelsfällen muss man in einem Wörterbuch nachschlagen.

1 Welche Bedeutung haben die folgenden Fremdwörter? Ordne sie richtig zu. Schreibe zu jedem Fremdwort das dazugehörige Adjektiv auf.

Spezialität Aggressivität Spontaneität Identität Kontinuität Brutalität Effektivität Qualität Realität

1) völlige Übereinstimmung: ______

2) große Wirksamkeit: ______

3) starke Angriffslust: ______

4) mit Gewalt vorgehen: ______

5) Beschaffenheit, Güte: ______

6) Wirklichkeit: ______

7) ungeplantes Handeln: ______

8) Beständigkeit, Fortdauer: ______

9) Besonderheit: ______

2 Neun der folgenden 16 Fremdwörter kannst du auf zweierlei Weise schreiben. Sieh in einem Wörterbuch nach und schreibe jeweils beide Wörter auf.

Grammophon Katholizismus Triumph Charme Rhythmus Code pushen Chance cirka Synthese Grizzlybär Jeans Differential Facette Graphik Alphabet

______

______

______

______

______

______

3 Leite von allen Fremdwörtern aus Aufgabe 2, bei denen es möglich ist, ein Adjektiv ab. Schreibe die Adjektive ebenfalls auf.

Adjektive in einem Zeitungstext

Mit **Adjektiven** können Gegenstände und Lebewesen, Vorgänge und Zustände genauer und differenzierter beschrieben werden: *am **gestrigen** Morgen*. In Sachtexten haben Adjektive vor allem eine **informative** Funktion. Adjektive sind Wörter, die zwischen Artikel und Substantiven (Nomen) stehen können: *die **freundlichen** Gäste*.

Explosion am Himmel

Meteorid verglüht über Rheinland-Pfalz

Mainz. Ein *unerklärliches* Lichtphänomen am *dunklen* Himmel über Rheinland-Pfalz ist am *gestrigen* Morgen von einem Meteoriden verursacht worden. Der Himmelskörper sei vermutlich in einer Höhe von 70 bis 100 Kilometern explodiert, sagte ein *kluger* Wissenschaftler. Anders als die *sandkorngroßen* Sternschnuppen habe der *betreffende* Meteorid jedoch einen *beträchtlichen* Durchmesser von 20 bis 30 Zentimetern gehabt.

Eine Gefahr für die *verschreckte* Bevölkerung sei von dem *kleinen* Himmelskörper aber nicht ausgegangen. Alle *winzigen* Splitterteile seien nach der Explosion wahrscheinlich noch in der Atmosphäre verglüht. Der *schlaue* Wissenschaftler erläuterte weiter, Meteoriden nenne man Himmelskörper, solange sie sich noch in der Luft befinden, Meteoriten würden die *aufgeschlagenen* Reste genannt, die am Boden aufschlagen. Meteore dagegen könnten bis zu *riesigen* zehn Metern erreichen.

Die *mysteriöse* Erscheinung hatte am frühen Morgen viele Menschen in Rheinland-Pfalz erschreckt. Gegen halb sieben habe es einen *extrem hellen* Lichtschein gegeben, der die *finstere* Umgebung *taghell* erleuchtet habe, berichtete ein Sprecher der Mainzer Polizei, der selbst *verblüffter* Augenzeuge des *erstaunlichen* Ereignisses geworden war. Viele *erschrockene* Bürger hätten sich deswegen *telefonisch* bei der Polizei gemeldet. Das *erstaunliche* Phänomen sei bis nach Karlsruhe, Aachen und ins *ferne* Bergische Land sichtbar gewesen.

Der Polizeisprecher sagte weiter, der ________________ Blitz sei fast so ________________ gewesen, als hätte jemand da oben eine ________________ Neonröhre für ________________ Zeit eingeschaltet. Das ________________ Schauspiel habe vielleicht zwei Sekunden gedauert. Einige ________________ Zeugen glaubten, ein ________________ Flugobjekt, ein UFO, gesehen zu haben.

1 Die Adjektive in diesem Text sind kursiv gedruckt. Aber nicht alle haben in einem sachlichen Zeitungstext etwas zu suchen!
- Markiere die Adjektive, die zum Verständnis oder zur Anschaulichkeit des Textes beitragen.
- Streiche diejenigen durch, die unsachlich, also überflüssig sind.

2 Markiere die Textstellen, in denen die Begriffe *Meteorid*, *Meteorit* und *Meteor* erklärt werden.

3 Setze im zweiten Teil in die Lücken die folgenden Adjektive ein, die du für notwendig hältst; die anderen streiche durch:
hell, unbekanntes, beängstigende, taghell, riesengroße, kurze, spektakuläre.

Adjektive in Erzähltexten

Adjektive machen **Erzähltexte** vor allem **anschaulich** und **spannend**.

1 Lies dir den folgenden Erlebnisbericht durch. Setze diese Adjektive ein.

andere dunkel eilig einfliegend entsetzt erleuchtet erschrocken ersten fantastisch flackernd folgend fremd furchtbar heiser knapp komisch kurz merkwürdig morgengrau nächsten natürlich regional taghell verglühend wenige

Eine merkwürdige Himmelserscheinung

Vorgestern habe ich etwas erlebt, was ich mir zuerst nicht erklären konnte. Ich ging gerade ______________ zum Schulbus, als plötzlich am ______________ Himmel ein ______________ Licht erschien, so als hätte jemand ein ______________ Neonlicht eingeschaltet. Es blitzte erst ein paar Male ______________ auf, und dann glänzte der ______________ Himmel. Es dauerte nur ______________ Sekunden, aber ich hatte mich doch ______________ erschrocken. Auch einige ______________ Leute, die schon auf der Straße waren, starrten ______________ zum ______________ Himmel hinauf. Eine Frau stieß einen ______________ Schrei aus, ein Hund gab ein ______________ Gebell von sich. In diesem ______________ Augenblick dachte ich an ein ______________ UFO. Doch im ______________ Moment war die ______________ Erscheinung wieder vorbei. Und da war mir klar, dass das kein UFO sein konnte. Denn erstens wird wohl so ein ______________ Flugobjekt nicht nur für einige ______________ Sekunden aufblitzen, und zweitens glaube ich nicht wirklich an diese ______________ Dinger. Was aber war es dann? Am ______________ Tag las ich dann in der ______________ Zeitung, dass dieses ______________ Licht von einem ______________ Meteoriden hergestammt haben sollte. Zum Glück lässt sich manches Fantastische durch ein ______________ Phänomen erklären.

Die Zeitformen in einen Text einsetzen

Es gibt sechs Zeitformen:

1. **Präsens** (*ich sehe*)
2. **Perfekt** (*ich habe gesehen*)
3. **Präteritum** (*ich sah*)
4. **Plusquamperfekt** (*ich hatte gesehen*)
5. **Futur I** (*ich werde sehen*)
6. **Futur II** (*ich werde gesehen haben*)

1 Setze in den folgenden Text die Verben in den angegebenen Zeitformen ein:

Als Jonas aus dem Bus (steigen),	Plusquamperfekt:	gestiegen war.
(sehen) er seine Freundin Laura.	Präteritum:	
Sie (stehen) auf dem Schulhof.	Präteritum:	
Sie (lachen) und (winken).	Präteritum:	
Er (denken):	Präteritum:	
Unseren Zoff (vergessen) sie wohl!	Futur II:	
Plötzlich (kommen) sie angelaufen.	Präsens:	
Jonas (breiten) seine Arme aus.	Präsens:	
Gleich (umarmen) sie mich!	Futur I:	
Doch sie (rennen) an ihm vorbei.	Präsens:	
Die (übersehen) mich doch nicht?	Futur II:	
Jonas (drehen) sich um.	Präteritum:	
Da (sehen) er einen Typ hinter sich.	Präteritum:	
Der (nehmen) Laura in die Arme.	Präsens:	
Jonas (hören) den Typ sagen:	Präteritum:	
„Du (warten) auf mich?“	Perfekt:	
Laura (antworten):	Präteritum:	
„Ja, ich (warten) schon lange!“	Präsens:	
Das (geben) Jonas den Rest.	Perfekt:	
Er (lassen) seine Arme sinken.	Präteritum:	
Das (müssen) sie mir erklären,	Futur I:	
(denken) er.	Präteritum:	

Die Zeitformen in einem Text identifizieren

Alles im Blick!

1) Man hat alles im Blick. ___
2) Der Dieb weiß nicht, ___
3) dass er sich bereits verdächtig gemacht hatte. ___
4) Der junge Mann, der sich einen Lolli in den Mund gesteckt hat, ___
5) gibt sich lässig. ___
6) Er schlurft herum, ___
7) aber seine Blicke kommen vom Ausgang nicht los. ___
8) Die Sportschuhe, die er sich an den Arm gehängt hat, ___
9) gehören ihm nicht. ___
10) Die Schuhe sind Eigentum des Kaufhauses, ___
11) das der Typ wahrscheinlich bestehlen will. ___
12) Er machte zwar zunächst den Eindruck: ___
13) Hey, die Schuhe werde ich gleich bezahlen! ___
14) Aber das wird er an der Kasse dann wohl vergessen haben. ___
15) Die Ladendetektive haben den Mann längst auf dem Monitor erfasst. ___
16) Er machte sich durch sein Verhalten verdächtig. ___
17) Die Bandaufzeichnung läuft; ___
18) man wird den Diebstahl später einmal vor Gericht beweisen können. ___
19) Jede Bewegung des vermutlichen Diebes hat man aufgezeichnet. ___
20) Über Funk hat man schon einen Kollegen alarmiert. ___
21) Der wird an der Kasse eingreifen, ___
22) wenn der Dieb, ohne zu bezahlen, durch die Kasse gegangen sein wird. ___
23) Auf diese Weise liefen den Detektiven schon viele Diebe in die Arme. ___
24) Wenn ein Verdächtiger dann aber doch die Ware bezahlt, ___
25) wenn sich also die Detektive geirrt haben, ___
26) dann wird man die Aufnahmen wieder löschen. ___
27) Äußerste Diskretion ist selbstverständlich! ___
28) Rund 3 000 Ladendiebe hat man im letzten Jahr bei der Polizei angezeigt. ___
29) Aber man wird doch nicht wirklich alle erwischt haben? ___
30) Nein, 80 % der Ladendiebe waren mit ihrer Beute entkommen. ___

1 Markiere die Verben im Text. Beachte, dass manche von ihnen aus **Hilfsverben und Verben** bestehen!

2 Schreibe in die Leerzeilen, in welchen Zeitformen die Verben in den 30 Sätzen stehen. Verwende dazu die Ziffern. Beachte: Jede der sechs Zeitformen kommt im Text vor!

1) Präsens
2) Perfekt
3) Präteritum
4) Plusquamperfekt
5) Futur I
6) Futur II

3 Einige der Sätze könnten auch in einer anderen Zeitform stehen. Forme einen von ihnen in eine Zeitform um, die dir besser zu passen scheint.

Konjunktiv I: Indirekte Rede

Der Konjunktiv I wird vornehmlich in der **indirekten Rede** verwendet.
Er wird gebildet aus den Formen des **Präsens**, des **Perfekts** und des **Futur I**:
Sie sagte: „Ich hole dich ab." → Sie sagte, sie hole mich ab.
Sie sagte: „Ich habe geschlafen." → Sie sagte, sie habe geschlafen.
Sie sagte: „Ich werde kommen." → Sie sagte, sie werde kommen.

Illegale Müllbeseitigung

Burgmark. Entlang der Feldwege in der Gemeinde Burgmark wird immer wieder Müll abgeladen. Dies könne, so der Sprecher der Gemeinde, einen Entsorger teuer zu stehen kommen, wenn er dabei ertappt werde. Bauer Hartmann kennt die immer wieder abgeladenen Müllberge entlang seiner Felder bestens: Das sei schon schlimm genug, doch auch an den Kiesseen sehe es schlimm aus. Da liege man, wenn man baden möchte, buchstäblich im Müll.

Ein Rundgang beweist: Neben den zahlreichen selbst errichteten Feuerstellen an den Seen finden sich oft Bierflaschen, Getränkepackungen und Grillfleischreste. Das Baden sei hier zwar verboten, beschwert sich der Bürgermeister, aber das Campen sei erlaubt und führe dazu, dass die Leute ihren Müll einfach liegen ließen. Die Gemeinde würde von Mülltrupps zwar regelmäßig gesäubert, aber die Erfahrung habe gezeigt, dass es nach zwei Wochen wieder so aussehe wie zuvor.

Wenn ein Hinweis auf Müllhaufen bei der Gemeinde eingehe, dann werde auch nach Hinweisen auf die Täter gefahndet, erklärt ein Mitarbeiter vom Ordnungsamt. Dann leite man den Fall an die Müllbeseitigungsfirma weiter. Und wenn man im Müll Schadstoffe wie Lacke und Öl finde, werde die Polizei eingeschaltet. Und Tabea Reiter von der Gesellschaft für Abfallentsorgung fügt hinzu: „Wo jemand einen Haufen von Sperrmüll ablädt, dort wirft bestimmt auch kurze Zeit später, da kann man sicher sein, ein anderer einen weiteren Berg dazu."

Frei werdende Schadstoffe belasten nicht nur Böden, Pflanzen und Tiere. Leidtragende sind auch die Gebührenzahler. Die Täter seien oft nicht ermittelbar, sagt Frau Reiter, deshalb werde der Preis von etwa 100 Euro für die Abholung eines Müllhaufens auf die Gebührenzahler abgewälzt. „Deswegen ist jeder dazu aufgerufen, sich die Nummernschilder von Autos zu notieren, aus denen unerlaubt Müll ausgeladen wird", sagte der Gemeindesprecher.

1 Diese Zeitungsnachricht besteht fast nur aus Sätzen, die von anderen Personen stammen. Der Journalist hat sie lediglich in indirekter oder wörtlicher Rede wiedergegeben und mit einigen eigenen Sätzen verbunden. Markiere die wörtlichen Reden in verschiedenen Farben.

2 Schreibe in direkter Rede auf, was Bauer Hartmann wörtlich gesagt haben mag.
Denke daran, dass er es wahrscheinlich anders und etwas wortreicher ausgedrückt hat, als es der Journalist verkürzt wiedergibt:

____

____

3 Forme die beiden wörtlichen Reden in indirekte Reden um und verkürze sie:

____

____

Konjunktiv I: Wörtliche Rede in indirekte Rede umformen

Jugendliche praktizieren Umweltschutz

„Schülerinnen und Schüler der 9. und 10. Klassen haben in der letzten Woche etwas echt Wichtiges gemacht. Wir haben nämlich 1 000 junge Buchen im Stadtpark gepflanzt", sagte die Schulsprecherin. „Das Unternehmen fand im Rahmen einer Projektwoche statt", gab der Rektor bekannt. „Das ist eine echte Herausforderung für uns alle gewesen, aber toll!", sagte Meike K. „Ich habe mit den Jungen und Mädchen zunächst die forstlichen Grundarbeiten durchgeführt", erläuterte Förster Deppe. „Der Mischwald ist nämlich nötig, um die Grundwasserbildung zu fördern." Weiterhin stand der Abbau eines Wildschutzzaunes an. „Auch die Baumpflege auf der Obstwiese in Elze stand auf dem Programm", fügte die Umweltbeauftragte Ulla Sager hinzu. „Mit einigen anderen zusammen habe ich die Bäume mit Kompost gedüngt und gegen die Austrocknung gemulcht", sagte ein Schüler. „Lehrer Kaul hat alle diese interessanten Projekte für den Umwelttag auf den Weg gebracht", meinte ein anderer. „Ziel dieser Projekte", sagte Herr Kaul, „ist die Förderung des Interesses der Schüler für die eigene Umwelt." „Im nächsten Jahr sind die 7. und 8. Klassen an der Reihe", sagte der Rektor. „Dafür gibt es dann für die Abschlussklassen einen sozialen Tag, sodass am Ende der Sekundarstufe jeder Schüler zwei Praktika absolviert hat." Einige Schülerinnen und Schüler bestätigten noch einmal: „Das war mal nicht nur Theorie, sondern echte Praxis! Wir haben alle eine Menge dabei gelernt."

Schülerinnen und Schüler der 9. und 10. Klassen der Parkschule pflanzten im Stadtpark im Rahmen einer Projektwoche 1000 junge Buchen. Das sei für sie alle, so eine Schülerin, eine echte Herausforderung gewesen.

1 Ein richtiger Zeitungsartikel darf natürlich nicht aus so vielen wörtlichen Reden bestehen, die noch dazu so ausführlich sind. Forme den Text um, indem du einige der wörtlichen Reden in indirekter Form wiedergibst und in einen Text einfügst, dem man auch noch anmerkt, dass er von dir selber stammt. Dabei solltest du Unwesentliches weglassen. Streiche es im Text also durch. Einige Sätze kannst du in wörtlicher Rede stehen lassen, wenn die Personen etwas sehr Wichtiges gesagt haben. Markiere sie. Schreibe deinen gekürzten Text auf.

Die Zeitformen der indirekten Rede

Die **Vergangenheitsform** der **indirekten** Rede ist das **Perfekt**.
Ob also eine **wörtliche** Rede im Präteritum oder im Perfekt steht:
Die indirekte Rede wird in beiden Fällen im Perfekt wiedergegeben.
Er sagte: „Ich war im Kino." → Er sagte, er sei im Kino gewesen.
Er sagte: „Ich bin im Kino gewesen." → Er sagte, er sei im Kino gewesen.

Tobias erzählte: „Ich bin gestern im Kino gewesen."

____

Paula sagte: „Ich war gestern auch dort."

____

Tobias fragte: „Hat dir der Film gefallen?"

Tobias fragte, ob ______________________________

Paula antwortete: „Ich fand ihn langweilig."

____

Da sagte Tobias: „Mir hat er gefallen."

____

Und er fragte sie listig: „Warst du denn allein dort?"

____

Paula ergänzte: „Ich war mit meinem Freund dort."

____

Tobias meinte: „Dann ist der wohl langweilig gewesen! Der Film war jedenfalls spannend."

____

Da antwortete sie schlagfertig, mit ihr zusammen hätte er ihn noch spannender gefunden!

____

Das könne gut möglich sein, sagte er.

____

Aber er sei zum Glück auch nicht allein dort gewesen.

____

Na dann könne er auch einen langweiligen Film spannend finden, meinte sie spöttisch.

____

1 Forme die wörtlichen Reden in indirekte Reden um.

2 Forme die indirekten Reden in wörtliche Reden um.

Der Konjunktiv II: Formen üben

Die Formen des Konjunktivs II werden von denen des **Präteritums** gebildet:
Präteritum: *sie aß*; Konjunktiv II: *sie äße*. Präteritum: *sie war*; Konjunktiv II: *sie wäre*.
Präteritum: *sie hatte*; Konjunktiv II: *sie hätte*.
Viele Verben mit **a**, **o**, **u** werden dabei zu **ä**, **ö**, **ü** **umgelautet**.

1 Ergänze die Formen. Wenn du unsicher bist, schlage unter den Lösungen nach.

Infinitiv	Präsens	Präteritum	Konjunktiv II
bitten	du bittest	er bat	sie bäte
brechen	du brichst	er brach	sie bräche
denken			sie dächte
essen			
fahren			
fallen			
fliegen			sie flöge
fließen	es	es	es
frieren	du frierst		
geben	es	es	es
gehen			
gewinnen			sie gewänne
haben	du hast		
halten			
kommen			
lassen			
nehmen			
schlafen			sie schliefe
sehen			
sein	du bist		
sitzen	du sitzt	er saß	
werden	du wirst		

Konjunktiv II oder *würde*-Form?

Da viele Konjunktiv II-Formen ungewöhnlich klingen, werden sie in der Gebrauchssprache häufig durch Umschreibungen mit ***würde*** ersetzt. Das tut man vor allem dann, wenn sich der Konjunktiv II **nicht** vom Präteritum **unterscheidet**:
Wenn sie das endlich sein <u>ließen</u>! → *Wenn sie das doch endlich sein <u>lassen würden</u>!*
In anderen Fällen sollte man den Konjunktiv II verwenden:
Wenn sie doch bald kämen! (statt: *kommen würden*)

1 Setze in die Zeilen die Verben im Konjunktiv II oder in der würde-Form ein, also: *fallen ließen* oder *fallen lassen würden*.
Denke daran, die würde-Form nicht zu oft zu verwenden!

In unserer Welt sähe es besser aus,
wenn wir in unserer nächsten Umgebung Abfälle nicht einfach fallen *(lassen)* ____________________,
statt sie in eine Mülltonne zu werfen;
wenn wir im kleinen Kreis den Frieden *(wahren)* ____________________,
den wir uns in der großen Welt wünschen;
wenn wir Hilfsbedürftigen mehr Aufmerksamkeit *(entgegenbringen)* ____________________,
statt sie zu übersehen;
wenn die Reichen mehr Geld für die armen Länder der Welt *(ausgeben)* ____________________
als für Kriege;
wenn wir gegenüber anderen Menschen so *(handeln)* ____________________,
wie wir wünschen, dass sie uns gegenüber handeln;
wenn wir uns immer so *(verhalten)* ____________________,
dass auch die nächsten Generationen noch eine unzerstörte Welt vorfinden.

Wenn ... , ja wenn ...

Wenn ich könnte, was ich ~~*wollen würde*~~ wollte,
wenn ich nur nicht so viel *sollen würde*!
Wenn ich eine Liebste *finden würde*,
mir kein Feind im Wege *stehen würde*!
Wenn kein Mensch in Kriege *ziehen würde*,
niemand andere mehr *belügen würde*!
Wenn ich etwas weniger *wiegen würde*!
Wenn nur sauberes Wasser *fließen würde*,
Glück sich über mich *ergießen würde*!
Wenn man mir nur Lob *zusprechen würde*,
keine Freundschaft mehr *zerbrechen würde*.
Wenn genügend Geld ich *haben würde*!
Wenn mir jeder Gutes *tun würde*!
Wenn mir alles stets *gelingen würde*
und mich keiner zu was *zwingen würde*!
Ja, wie wäre ich dann froh! – Aber, ach, es geht auch so!

2 Wenn du statt der würde-Formen, die kursiv gedruckt sind, echte Konjunktive einsetzt, dann wird eine Art Wunschgedicht daraus.

Aktiv und Passiv 1

Das Passiv wird mit einer Form von **werden** und dem **Partizip II** gebildet:
*Unsere Klasse **wurde** für ihre Leistungen mit einer Fahrt an den Bodensee **belohnt**.*
In Aktivsätzen wird eher der Handelnde in den Vordergrund gestellt, in Passivsätzen eher das Satzgeschehen selbst. Der Handelnde kann dabei weggelassen werden:
Aktiv: *Der Schulleiter belohnte unsere Klasse mit einer Fahrt an den Bodensee.*
Passiv: *Unsere Klasse wurde mit einer Fahrt an den Bodensee belohnt.*

1 Kreuze in der Tabelle an, welche der folgenden Sätze Aktivsätze und welche Passivsätze sind. Schreibe dann die Zeitform des Verbs auf.

1) In der nächsten Woche wird unsere Klasse an den Bodensee fahren.
2) Schon seit Langem wird diese Klassenfahrt sorgfältig vorbereitet.
3) Die Fahrkarten sind von Jenny bestellt worden.
4) Die Gruppe um Max wird heute und morgen unsere Wanderrouten festlegen.
5) Maria wurde gebeten, noch einmal mit der Jugendherberge Kontakt aufzunehmen.
6) Ihrer Leitung soll die genaue Ankunftszeit mitgeteilt werden.
7) Dani war schon vor einigen Wochen beauftragt worden, während der Klassenfahrt Tagebuch zu führen.
8) Nach unserer Rückkehr werden die Eltern über unsere Erlebnisse informiert werden.

Satz	Aktivsatz	Passivsatz	Zeitform des Verbs
1	x		Futur I
2			
3			
4			
5			
6			
7			
8			

2 Welche der folgenden Sätze könnten durch den Wechsel vom Aktiv zum Passiv oder umgekehrt besser werden? Beachte dabei die Angaben im Kasten. Schreibe den veränderten Text in dein Heft.

a) Die Jagd und das Essen wurden von August dem Starken geliebt.
b) Oft wurden von ihm große Bälle und Feste ausgerichtet.
c) Die meisten Gäste langten kräftig zu und tafelten üppig.
d) Diener haben nach dem Essen einige Gäste sogar gewogen.
e) Zuvor hatten sie ganze Hühner und Schweinslenden verdrückt.
f) 150 Pfund sind von einem Generalleutnant innerhalb von acht Jahren am Hof „draufgepackt“ worden.
g) Das Gewicht Augusts des Starken ist von Geschichtsschreibern mit 122 kg angegeben worden – bei 1,76 Meter Körpergröße eine ganze Menge!

Aktiv und Passiv 2

Passivsätze werden gebraucht, wenn
A: die handelnde Person unbekannt ist;
B: die handelnde Person allgemein bekannt ist und nicht genannt werden muss;
C: jemand zu etwas aufgefordert werden soll.

1 Ordne die Sätze den verschiedenen Aufgaben des Passivs zu. Kreuze die entsprechenden Buchstaben an. Manchmal gibt es auch zwei Möglichkeiten.

	A	B	C
1) Nach der Deutschstunde wird die Tafel abgewischt.	☐	☐	☐
2) Die Sängerin wurde mit minutenlangen Ovationen gefeiert.	☐	☐	☐
3) Am helllichten Tag ist gestern ein Juweliergeschäft überfallen worden.	☐	☐	☐
4) Jetzt wird endlich geschlafen!	☐	☐	☐
5) Im Rahmen einer Verkehrskontrolle wurde bei dem Kraftfahrer	☐	☐	☐
der Alkoholspiegel kontrolliert.	☐	☐	☐
6) Im gestrigen Handballspiel wurde zwei Spielern die Rote Karte gezeigt.	☐	☐	☐
7) Jetzt sollte aber mit der Arbeit angefangen werden.	☐	☐	☐
8) Die Hausaufgabe muss schon morgen abgegeben werden.	☐	☐	☐
9) Das Gerücht von der Auflösung des Vereins ist überall verbreitet worden.	☐	☐	☐
10) Die Tarifverhandlungen sind ergebnislos abgebrochen worden.	☐	☐	☐

2 Markiere im folgenden Kochrezept alle Verbformen.
Formuliere die Sätze so um, dass nicht alle im Passiv stehen.

Bratwurst „Wilhelm Tell"

Die Würste werden von allen Seiten schön angebraten. Danach werden ein Apfel und eine Zwiebel geschält. Beide werden in Würfel geschnitten und zur Bratwurst dazugegeben. Die Würfel werden mitgebraten, bis die Zwiebel goldbraun geworden ist. Dann wird die Wurst herausgenommen. Auf die Apfel- und Zwiebelwürfel werden jetzt $^1/_8$ Liter Wasser und $^1/_8$ Liter Malzbier gegossen, und alles wird zum Kochen gebracht. Zum Schluss wird alles über die Bratwürste gegossen.

Objekt oder Adverbial?

*Ollis Freundin steht / **auf der Tanzfläche.***
*Olli steht **auf / Rockmusik.***
Diese zwei Satzglieder sind sich sehr ähnlich, weil sie dieselbe Präposition besitzen. Und trotzdem sind sie ganz verschieden. Bei ***auf der Tanzfläche*** handelt es sich um ein Adverbial. Du kannst es mit einfachen Fragewörtern wie *wo, woher, wohin, wann, seit wann, wie lange, wie, warum, wodurch* erfragen. Die Präposition ***auf*** gehört hier zum Nomen.

Bei dem anderen Satzglied benötigst du zu dem Fragewort noch zusätzlich die im Satzglied verwendete Präposition: ***auf** wen oder was, **mit** was, **für** wen oder was, **vor** wem …*
Dieses Satzglied nennt man deshalb auch präpositionales Objekt. Die Präposition ***auf*** gehört hier zum Verb. Bestimmte Verben werden immer im Zusammenhang mit ganz bestimmten Präpositionen verwendet. Im Satz bilden dann Präposition und Objekt eine Einheit, in der die Präposition nicht austauschbar ist:
hoffen auf …, lachen über …, sich ängstigen vor …

1 Unterstreiche in den folgenden Sätzen die Verben und die präpositionalen Objekte.

a) Bei diesem Problem verließ er sich lieber auf den Rat seines Vaters.
b) Der Fahrradfahrer prallte direkt vor der Hofeinfahrt gegen das Auto.
c) Das Publikum lachte während der Vorstellung schallend über die Späße der beiden Clowns.
d) Ab nächster Woche beginne ich mit dem Training in der ersten Damenmannschaft.
e) Nach dem Schulwechsel gewöhnt sich Sina immer mehr an die neue Klasse.
f) Patrick drückt sich schon seit einer Woche geschickt vor dem Aufräumen des Partykellers.

2 Schreibe in den folgenden Sätzen unter die markierten Satzglieder, ob es sich bei ihnen um präpositionale Objekte oder um Adverbiale handelt.

a) Während des Festes gewinnt ein kleines Mädchen **an einer Losbude** den Hauptpreis.

___

b) Der junge Politiker gewinnt in seiner Partei zunehmend **an Einfluss**.

___

c) Sanne kommt jeden Morgen **von der anderen Seite der Stadt** mit dem Fahrrad zur Schule.

___

d) André kommt trotz aller Versuche **von seiner verflossenen Freundin** nicht los.

___

e) Der Boxer geht gleich zu Beginn des Kampfes ungestüm **auf seinen Gegner** los.

___

f) Der Orientierungslauf beginnt zuerst **auf einem befestigten Weg**, bevor es ins Gelände geht.

___

Attribute

Substantive haben häufig Attribute bei sich, die aus einem oder aus mehreren Wörtern bestehen. Diese Beifügungen können vor dem Substantiv stehen oder ihm folgen. Sie gehören dann zu diesem Substantiv und bilden gemeinsam mit ihm ein Satzglied. Attribute sind also keine Satzglieder, sondern Satzgliedteile.

Adjektivattribut (Adj.-A)	ein schöner Blumenstrauß
Genitivattribut (Gen.-A)	der Blumenstrauß der Braut
präpositionales Attribut (präp. A)	der Strauß mit den Frühlingsblumen
Apposition als Attribut (Apo. A)	der Brautstrauß, ein Strauß aus roten Rosen
Relativsatz als Attribut (Rel. A)	der Blumenstrauß, den die Braut in den Händen hielt

1 Unterstreiche in den folgenden Sätzen die Attribute und markiere die Substantive, auf die sie sich beziehen. Bestimme die Art jedes Attributs.

a) Die Löwin, eine erfahrene Jägerin, näherte sich vorsichtig der erhofften Beute.

Apo. A Adj.-A

b) Wegen der Erkrankung des Sängers musste das geplante Konzert leider ausfallen.

c) Unsere siegreiche Schulmannschaft, die die Stadtmeisterschaft gewonnen hatte, bekam einen tollen Empfang.

d) Diese hellblauen Jeans mit den roten Nähten sahen einfach teuflisch gut aus.

e) Der Verlust ihres lieben Hundes machte alle sehr traurig.

2 Besonders das präpositionale Attribut kann manchmal mit einem Satzglied verwechselt werden. Entscheide dich, ob es sich bei den kursiv gedruckten Beispielen um Attribute (A) oder Satzglieder handelt (S). Trage den jeweiligen Buchstaben ein.

a) Ihre Mathelehrerin konnte das Problem *mit wenigen Worten* ( ) auflösen.
b) Ein Gedicht *mit wenigen Wörtern* ( ) sagt manchmal mehr aus als ein langer Text.
c) Die Fußballmannschaft *aus England* ( ) hat die dänische Mannschaft *in Italien* ( ) besiegt.
d) Gestern Abend raste ein Auto *mit hoher Geschwindigkeit* ( ) durch die Innenstadt.
e) Kommt der Spargel *aus Deutschland* ( ) oder ist das Spargel *aus Griechenland* ( )?
f) Am Straßenrand stand ein Auto *mit vielen Beulen* ( ).

Satzreihe und Satzgefüge 1

Zwei oder mehrere **Hauptsätze** können eine **Satzreihe** bilden. Zwischen den beiden Hauptsätzen kann eine nebenordnende Konjunktion stehen:
Sehr viele Menschen verfolgen im Fernsehen Fußballspiele, ***denn*** *Fußball ist ihre Lieblingssportart.*

Ein **Hauptsatz** und ein **Nebensatz** bilden ein **Satzgefüge**:
Sehr viele Menschen verfolgen im Fernsehen Fußballspiele, weil Fußball ihre Lieblingssportart ist.

Einen **Nebensatz** kann man an folgenden Merkmalen erkennen:
– Er wird meistens durch eine unterordnende Konjunktion eingeleitet.
– Die finite Verbform steht im Nebensatz an der letzten Stelle im Satz.

1 Markiere die Ziffern der Satzreihen und der Satzgefüge mit unterschiedlichen Farben.
Unterstreiche in den Satzgefügen die Nebensätze.
Ein Satzgefüge enthält zwei Nebensätze.

Schon im alten China spielte man Fußball

1) Für die Anfänge des Fußballspiels gibt es in fast allen Kulturen Zeugnisse, aber die wohl ältesten stammen aus dem dritten Jahrtausend v. Chr. aus China.
2) Die Chinesen kannten schon vor 2 500 Jahren ein Spiel mit dem Ball, darum gelten sie als die ersten Fußballer der Weltgeschichte.
3) Es gibt Überlieferungen, dass die ersten „Fußbälle“ aus zusammengenähten Fellen bestanden.
4) Erst im europäischen Mittelalter wurden in England, Frankreich und Italien treibballähnliche Kampfspiele betrieben, bei denen ganze Ortschaften gegeneinander antraten.
5) So wie heute kämpften sie schon damals verbissen und unter Einsatz aller Mittel um den Ball, den sie querfeldein durch das gegnerische Dorf- oder Stadttor zu treiben versuchten.
6) In England verbreitete sich das Fußballspiel sehr schnell, doch die anfängliche Spielweise ähnelte eher dem heutigen Rugbyspiel.
7) Nachdem das Spielen mit der Hand untersagt worden war, entwickelte sich die Art von Fußball, die wir noch heute kennen.

Satzreihe und Satzgefüge 2

1 Manchmal kann man denselben Sachverhalt als Satzgefüge oder als Satzreihe formulieren. Schreibe zu jedem Satz jeweils die andere Möglichkeit auf. Du kannst dabei aus den folgenden Konjunktionen bzw. Adverbien auswählen.

aber deshalb
doch ehe
sodass trotzdem
weil

Achtung: Bei manchen Sätzen musst du genau überlegen, vor welchen Satz die Konjunktion bzw. das Adverb zu setzen ist.

1) Das Spiel begann später, der Schiedsrichter war nicht pünktlich ins Stadion gekommen.

____

____

2) Obwohl die Mannschaft alles versuchte und kämpfte, hat sie das Spiel am Ende verloren.

____

____

3) Als wir am Anfang des Spiels gute Kombinationen zeigten, hatten wir noch Hoffnung auf den Sieg.

____

____

____

4) Wir blieben vor Enttäuschung noch lange auf dem Spielfeld sitzen, deshalb konnten wir unsere Heimfahrt erst später antreten.

____

____

____

5) Auch im Bus blieben wir länger als sonst, dann gingen wir einzeln enttäuscht nach Hause.

____

____

6) Obwohl wir dadurch erst spät zu Hause waren, mussten wir heute schon wieder zeitig zum Training erscheinen.

____

____

____

Satzreihe und Satzgefüge 3

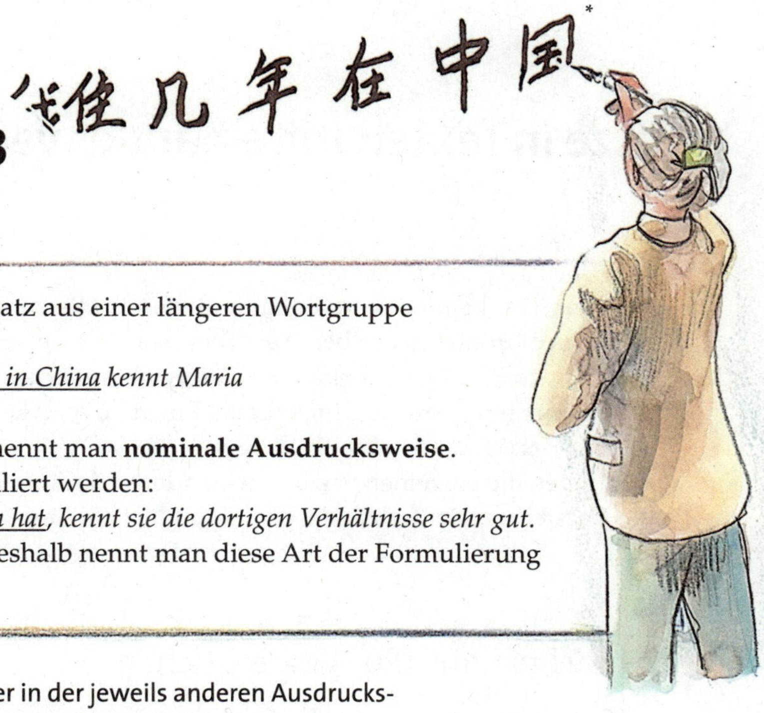

Manchmal kann ein Satzglied in einem Hauptsatz aus einer längeren Wortgruppe mit mehreren Substantiven bestehen:
Infolge ihres mehrere Jahre dauernden Aufenthaltes in China kennt Maria die dortigen Verhältnisse sehr gut.
Diese Art der Formulierung von Satzgliedern nennt man **nominale Ausdrucksweise**.
Satzglieder können auch als Nebensätze formuliert werden:
Weil Maria sich mehrere Jahre in China aufgehalten hat, kennt sie die dortigen Verhältnisse sehr gut.
Der Nebensatz enthält ein Verb als Prädikat. Deshalb nennt man diese Art der Formulierung von Satzgliedern **verbale Ausdrucksweise**.

1 Schreibe die kursiv gedruckten Satzglieder in der jeweils anderen Ausdrucksweise auf. Notiere dahinter, um welches Satzglied es sich handelt.

a) *Wegen eines plötzlich einsetzenden Gewitters* mussten wir uns schnell eine Unterstellmöglichkeit suchen.

____

b) *Dass Andi in der Mathestunde unentschuldigt fehlte,* hatte für ihn sehr unangenehme Folgen.

____

____

c) Unsere Freunde aus Estland informierten uns telefonisch *über ihre sich leider verspätende Ankunft in Kiel.*

____

____

2 Die kursiv gedruckten Satzglieder sind in der nominalen Ausdrucksweise formuliert. Schreibe sie in der verbalen Ausdrucksweise auf.

a) *Wegen seines vergessenen Frühstücks* muss Mark noch einmal in die Klasse zurückgehen.

____

b) *Die seit einem Monat fest miteinander befreundeten Carolin und Max* setzen sich auf die Bank unter dem Kastanienbaum.

____

____

c) Plötzlich kommt *der in die fünfte Klasse gehende Bruder von Carolin* und will sich zu den beiden setzen.

____

* Ich wohne seit einigen Jahren in China.

Sätze in Texten miteinander verknüpfen 1

In einem Text benutzt man für ein und dieselbe Person, für ein und dieselbe Sache nicht immer denselben Ausdruck, sondern verschiedene Ausdrücke. Das können Pronomen, vor allem synonyme Ausdrücke sein.
So etwas nennt man **Ausdruckskette**. Einen Fußball kann man z. B. als *das runde Leder, das Streitobjekt, das Spielgerät* ... bezeichnen. Dadurch werden zum einen die einzelnen Sätze miteinander verknüpft und zum anderen wird die Darstellung abwechslungsreicher und lebendiger.

12-Jähriger mit 120 Wespenstichen ins Krankenhaus eingeliefert

Beim Überfall eines Wespenschwarms ist ein englischer Schüler lebensgefährlich verletzt worden. Der kleine Paul MacKay verdankt sein Leben vor allem der Geistesgegenwart eines Bauarbeiters. Der zufällig vorbeigekommene Mann riss dem Jungen die Kleider von seinem Körper, in denen sich die Wespen völlig verfangen hatten. Dann rieb er die stechenden Insekten von der Haut des verängstigten Kleinen. Der Bauarbeiter erlitt dabei selbst ein Dutzend Stiche und sagte später: „Die taten höllisch weh. Ich kann mir vorstellen, wie der arme Kerl gelitten haben muss." Am Körper des Kindes wurden im Krankenhaus 120 Stiche dieser aggressiven Tiere gezählt. Der kleine Patient hat sie überlebt und konnte drei Wochen später aus dem Hospital entlassen werden.

1 Für die beiden wichtigen Personen im Text gibt es verschiedene Ausdrücke.
Markiere sie mit zwei verschiedenen Farben.

2 Im Text spielen die Wespen und die Wespenstiche die entscheidende Rolle.
Welche anderen sprachliche Ausdrücke werden dafür im Text verwendet?
Markiere sie mit einer dritten Farbe.

Sätze in Texten miteinander verknüpfen 2

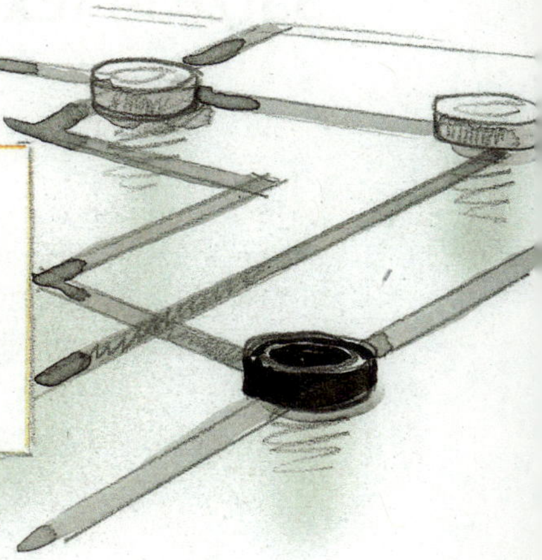

Eine wichtige Rolle für die Verknüpfung von Sätzen spielt jeweils das erste Satzglied in einem Satz. Mit der **Kopfstellung des Satzgliedes** kann die Beziehung zu vorausgegangenen Sachverhalten besonders deutlich gemacht werden:
Im ehemaligen Wohnhaus von Gerhart Hauptmann ist ein Museum eingerichtet worden. ***Dort*** *schrieb der Dichter u.a. seine Komödie „Der Biberpelz".*
←

1 In den sieben kursiv gedruckten Sätzen des folgenden Textes stehen jeweils die Satzglieder an erster Stelle, mit denen man die Beziehung zum vorausgegangenen Satz am wirkungsvollsten verdeutlichen kann.

Mühle – ein beliebtes Gesellschaftsspiel

(1) Mühle wird von zwei Spielern gespielt, die jeweils neun Steine besitzen. (2) Abwechselnd werden die Steine aufs Feld gesetzt. (3) Möglichst rasch will man dabei eine Mühle legen. (4) Eine Reihe von drei eigenen Steinen ist eine Mühle. (5) *Nach dem Schließen einer Mühle darf der Spieler seinem Gegner einen Stein wegnehmen.* (6) Kein Stein darf dabei aus einer geschlossenen Mühle des Gegners entnommen werden. (7) *Während des Spiels öffnet man oft wieder seine eigene Mühle.* (8) Um dem Gegner erneut einen Stein abnehmen zu können, wendet man diese Taktik an. (9) *Außerdem versucht jeder Spieler, neue Mühlen zu bilden.* (10) *Ein Spieler sollte immer versuchen, das Schließen von Mühlen durch den Gegner zu verhindern.* (11) *Wenn einer der Spieler nur noch drei Steine hat, kann er springen.* (12) Überhaupt nicht mehr eingeschränkt in seinem Spiel ist er dann. (13) *Er darf jedes beliebige Feld besetzen.* (14) *Wenn er aber nur noch zwei Steine hat, dann hat er das Spiel verloren.*

2 Bei den anderen Sätzen dagegen ist die Kopfstellung des Satzgliedes noch nicht so gut gelungen. Verändere die Sätze so, dass sich die Sätze inhaltlich besser aufeinander beziehen.

(2) Die Steine werden abwechselnd aufs Feld gesetzt.

Sätze in Texten miteinander verknüpfen 3

In Texten können verschiedene Verknüpfungsmittel vorkommen:
Das können Wörter sein, die auf etwas **vorausweisen**, was im Text später erscheint.
Das können aber auch Wörter sein, die auf etwas **zurückweisen**, was im Text bereits vorher erschienen ist. Manchmal weisen die Wörter in beide Richtungen.

Ein Münchner kam auf eine besonders ausgefallene Idee.

Er wollte einen Rekord besonderer Art aufstellen. Dafür benutzte er ein Tretauto und fuhr damit von München nach Dresden.

1 Suche im Text nach Wörtern, die auf etwas **vorausweisen** bzw. auf etwas **zurückweisen**.
Kennzeichne unter den Wörtern die Verknüpfungsrichtung:
vorausweisend: ⟶ *zurückweisend:* ⟵
in beide Richtungen verweisend: ⟷

In der Knesset, das ist das israelische Kabinett, ist einmal etwas Ausgefallenes passiert.

Während einer Sitzung dieses Parlaments wollte ein Abgeordneter die Abstimmung über den so wichtigen Staatshaushalt hinauszögern. Um sein Vorhaben zu realisieren, meldete er sich zu Wort und begann zu reden. Eine Stunde, zwei Stunden, drei Stunden. Seine Rede wollte einfach kein Ende nehmen.

Geschlagene zehn Stunden „plauderte" er in die Mikrofone.

Er sprach unter anderem über das Wetter. Er gab historische Erläuterungen über die Französische Revolution.

Immer wieder ließ sich der Sprecher etwas Neues einfallen.

So machte er längere Ausführungen zu sprachgeschichtlichen Aspekten des Wortes „Filibuster". Für die „Unkundigen" im Saal erklärte er auch die Bedeutung des Wortes. Es ist die Bezeichnung für Seeräuber im 17. Jahrhundert.

Und das in einem Parlament, unvorstellbar!

Natürlich wurde bei den Abgeordneten daraufhin die Ungeduld immer größer.

Sie mussten etwas unternehmen, um den Redefluss ihres Kollegen zu stoppen.

So kamen sie auf die Idee, eine Bombendrohung vorzutäuschen. Aber selbst davon ließ sich der Langstreckenredner nicht beirren. Unbeirrt von diesen Bemühungen setzte er seine Rede fort.

Seine Rede ging in die Geschichte der Knesset ein.

Er hält den Rekord im Dauerreden.

Sätze in Texten miteinander verknüpfen 4

1 Der folgende Text ist ohne Verknüpfungsmittel abgedruckt. Füge die Wörter bzw. Wortgruppen sinnvoll in die Lücken ein, damit die Sätze wirkungsvoll miteinander verknüpft werden. Gib mit Pfeilen an, ob die Verknüpfungsmittel nach vorn (→), zurück (←) oder in beide Richtungen (↔) verweisen.
Denke daran, dass die Wörter am Satzanfang großgeschrieben werden.

Energie: Unser Schicksal

Die kommenden Jahrzehnte werden stark geprägt sein vom allmählichen Versiegen des Öls. Den Höhepunkt der Förderung, schätzt man, haben wir um das Jahr 2002 herum passiert, (1) anders gesagt, die Hälfte allen Öls, (2) ____________ die Erde je besessen hat, ist bereits verbraucht. Die zweite Hälfte des Ölzeitalters wird jedoch nicht so lange dauern wie die erste. (3) ____________ ist der Verbrauch heutzutage natürlich wesentlich höher, (4) ____________ ist die Ausbeutung der zweiten Hälfte einer Ressource naturgemäß aufwändiger als (5) ____________ der ersten Hälfte. Wir kennen (6) ____________ aus dem Alltag, wenn wir z. B. ein Glas Joghurt oder dergleichen essen. Die ersten Löffel lassen sich mühelos füllen – doch zum Schluss hin muss man kratzen. (7) ____________ verhält es sich mit Ölfeldern auch. Je leerer (8) ____________ werden, desto mühsamer wird es, Öl (9) ____________ zu fördern. (10) ____________ Effekt wird in einigen Jahren zu unaufhaltsamen Preissteigerungen führen. Es gibt Stimmen, die (11) ____________ verweisen, dass immer wieder neue Ölfelder gefunden würden und sich die ausgewiesene Reservemenge in den letzten Jahrzehnten trotz steigenden Verbrauchs sogar erhöht habe. (12) ____________ ist aber seit 30 Jahren kein wirklich großes Ölfeld mehr gefunden worden. Und da man inzwischen ziemlich genau versteht, unter welchen Bedingungen es zur Entstehung von Erdöl gekommen ist, und weiß, wo (13) ____________ zu welchen Zeiten der Erdgeschichte geherrscht haben, ist auch nicht mehr (14) ____________ zu rechnen.

zum anderen
so ähnlich
anders gesagt
tatsächlich
zum einen
das
das
die
sie
daraus
damit
sie
dieser
darauf

Die unterschiedliche Stellung der Satzglieder im Satz 1

Die wichtigsten Stellen in einem Satz sind ganz **vorn** und ganz **hinten**.
Im **hinteren** Teil steht meistens das Satzglied mit dem **höchsten Mitteilungswert.**
Im **vorderen** Teil steht meistens das Satzglied, das an Vorausgehendes anknüpft:
Gelogen | hat sicher schon | jeder.
Das | hat nicht allein etwas zu tun | mit der moralischen Überzeugung.

1 Bilde aus diesen Satzgliedern Sätze. Dabei soll am Ende eines Satzes immer das Wichtigste stehen. Markiere also zunächst das wichtigste Satzglied. Stelle an den Anfang der Sätze ein Satzglied, das an den vorausgehenden Satz anknüpft.

Wo wird am meisten gelogen?

Die Menge der Lügen ______ vom Medium.
hängt ab | die Menge der Lügen | vom Medium | offenbar

______
hat herausgefunden | ein Psychologe mit seinen Studenten | dies

______
führten | die Studenten des Forschers | Tagebuch | in einer Untersuchung

______
zählten | sie | sämtliche Gespräche und E-Mail-Kontakte | darin

______
notierten | sie | die darin enthaltenen Lügen | auch

______
zählte | der Psychologe | in jedem Medium | die Anzahl der Lügen | anschließend

______
war | das Telefon | der unangefochtene Spitzenreiter | mit 37 % | dabei

______
liegt | das | an der Unsichtbarkeit des Partners

______
nimmt | man | es | mit der Wahrheit | nicht so genau | beim Telefonieren | deswegen

______
folgte | das Alltagsgespräch | darauf | mit 27 %

______
standen | die Lügen in der Internetdiskussion | an dritter Stelle | mit 21 %

______
rangierte | die elektronische Post | am Ende | mit rund 14 %

______
sind | die E-Mails | das ehrlichste Medium | also | offenbar

Die unterschiedliche Stellung der Satzglieder im Satz 2

Die **Normalstellung** der Satzglieder ist: Subjekt, Prädikat (1. Teil), Adverbiale, Objekte, Prädikat (2. Teil): *Ich | habe | aber | bei diesem Spiel | niemanden | betrogen.*
In **zusammenhängenden Texten** steht am Anfang meist ein Satzglied, das an etwas Vorausgehendes **anknüpft**:
Manchmal mogle ich schon. Bei diesem Spiel | habe | ich | aber | niemanden | betrogen.
In **emotionalen** Sätzen steht am Anfang oft ein Satzglied, das gefühlsmäßig besonders betont werden soll:
Manchmal mogle ich schon. Betrögen | habe | ich | aber | bei diesem Spiel | niemanden!

1 Stelle andere Satzglieder an den Anfang der Sätze, damit die Sätze besser aneinander anknüpfen und der ganze Text mehr Gefühl bekommt.

Unfreundlicher Besuch

Paula bekam gestern Besuch von ihrem Freund Sascha. Sie machte gerade ihre Mathe-Aufgaben.

Sie kam aber nicht so recht weiter damit.

Sie war deswegen ganz froh über den Besuch.

Sie musste die Sache aber erst noch zu Ende bringen!

Sie konnte dabei Saschas Hilfe gut gebrauchen!

Sie bat ihn also um Hilfe. Der ließ sich aber faul aufs Sofa fallen.

Er zappte von dort aus im Fernseher herum.

Er war damit erst einmal abgetaucht.

Paula sah Hilfe suchend zu Sascha hinüber.

Der Typ hat ihr aber nicht geholfen.

„Du kannst auch zu Hause Glotze gucken!", sagte sie.

Er machte sich tatsächlich wieder davon.

Paula hat ihre Mathe-Aufgaben dann am Ende ganz allein hingekriegt.

Lösungen

Seite 4
Aufgabe 3:
1. Zuverlässigkeit: 94 %,
2. Beherrschen des Lesens, Schreibens, Rechnens: 91 %,
3. Teamfähigkeit: 87 %,
4. Leistungsbereitschaft: 85 %,
5. Höflichkeit / Freundlichkeit: 78 %,
6. Verantwortungsbewusstsein: 75 %,
7. gutes Allgemeinwissen: 68 %,
8. Selbstständigkeit: 65 %,
9. Ausdauer / Belastbarkeit: 60 %,
10. Kritikfähigkeit: 48 %,
11. Konfliktfähigkeit: 40 %,
12. Englischkenntnisse: 29 %,
13. wirtschaftliche Kenntnisse: 29 %,
14. naturwissenschaftliche Kenntnisse: 17 %,
15. Medienkompetenz: 9 %

Aufgabe 4:
z. B.: Was sich Betriebe von Auszubildenden wünschen

Seite 5
Aufgabe 5:
Inhaberin einer Modeboutique: Höflichkeit/ Freundlichkeit; Zahnärztin: Ausdauer/ Belastbarkeit; Leiter eines Kindergartens: Verantwortungsbewusstsein; Malermeister: Zuverlässigkeit; Ausbildungsleiter einer Sparkasse: Medienkompetenz; Speditionskauffrau: Englischkenntnisse

Seite 6
Aufgabe 1:
Bewerbung um einen Praktikumsplatz; geehrte; habe ich erfahren, dass; interessiere; würde; persönlich
Aufgabe 2:
bei Ihnen vorstellen; Mit freundlichen Grüßen
Aufgabe 3:
Dresden, 18. Mai 2...; Sehr geehrte Damen und Herren, ...; Ich würde mich wirklich sehr freuen, wenn ...; Mit freundlichen Grüßen (kein Komma)

Seite 7
Aufgabe 1:
Folgende Sätze gehören **nicht** in den Lebenslauf:
In der malerischen Uniklinik Dresden erblickte ich zum allerersten Male das Licht der Welt.
Natürlich liebe ich meine kleinen Geschwister, aber manchmal nerven sie mich ganz gehörig.
Eigentlich wäre ich ja lieber in Dortmund geblieben, aber inzwischen habe ich mich hier in der Kleinstadt ganz gut eingelebt.
Kunst ist allerdings nicht so mein Ding, da bin ich leider total unbegabt.
Mein Bogie ist ein wunderschöner Golden Retriever.
Aufgabe 2:
Staatsangehörigkeit, Praktikum, Berufswunsch

Seite 8
Aufgabe 1:
Es geht um einen neuen Trend im Internet: die Weblogs / das Bloggen.

Seite 9
Aufgabe 2:
temporär = zeitlich begrenzt;
relevant = bedeutsam;
Unternehmenskommunikation = Verständigung und Umgang miteinander in einem Unternehmen;
systematisch = nach einer strukturierten Vorgehensweise;
Kommunikationsstrategie = Verständigungsplan

Seite 10
Aufgabe 3:
Begriffsklärung Weblog – Auffinden von Blogs – Begriffsklärung Blogger – Verwendungszwecke für Blogs – Bedeutung für die Wirtschaft – Das eigene Weblog – Regeln beim Bloggen
Aufgabe 5:
a) = falsch; b) = richtig; c) = richtig; d) = richtig

Seite 11
Aufgabe 6:
Die Grafik zeigt, wie die Dax-30-Unternehmen im Jahr 2005 mit einem neuen Internettrend, dem Bloggen, umgehen. Es wird deutlich, dass die Firmen dem Bloggen noch keine große Bedeutung für ihre Firmenpolitik zugemessen haben, obwohl Berater darauf verweisen.

Seite 13
Aufgabe 3:
- Flüssiges Wasser gilt als notwendig für die Entstehung kleinster Lebewesen. Wenn es Wasser in flüssiger Form auf dem Mars gibt, dann könnte es auch Leben auf oder im Mars geben.
- An den Polen des Mars existieren noch gefrorene unterirdische Wasservorkommen, die aus einer Warmzeit auf dem Mars herrühren.
- Fotos von einer Sonde aus der Zeit 2004/2005 zeigen Ablagerungen in zwei fingerförmigen verästelten Rinnen, die auf früheren Aufnahmen derselben Stelle nicht zu sehen waren. Da diese Spuren von schlammführendem Wasser stammen sollen, könnte es auch Leben auf dem Mars geben.

Aufgabe 4:
Die Forscher glauben, „dass das Wasser aus dem Mars-Inneren austritt und Gesteinsmaterial mit sich schwemmt, bevor es gefriert."

Seite 14
Aufgabe 6:
- „Der stärkste Beweis dafür, dass gelegentlich Wasser auf dem Mars fließt", sagte der Leiter des Nasa-Programms, Michael Mayer, „sind die Fotos von 2004 und 2005. Sie dokumentieren zwei hellfarbige, sich fingerförmig verästelnde Rinnen, die vom Zusammenspiel von Sedimenten und Wasser herrühren."
- Die Nasa erklärte: „Die mehrere hundert Meter langen Rinnen auf dem Mars sind auf früheren Aufnahmen von derselben Stelle auf der Marsoberfläche nicht zu erkennen gewesen." „In ihnen floss vermutlich Schlamm, etwa so viel wie fünf bis zehn Schwimmbecken fassen können", sagte der Wissenschaftler Kenneth Edgett.

Seite 24
Aufgabe 2:
Der Igel
Der Löwe saß auf einem Thron von Knochen
Und sann auf Sklaverei und Tod.
Ein Igel kam ihm in den Weg gekrochen.
„Ha! Wurm!", so brüllte der Despot
Und hielt ihn zwischen seinen Klauen,
„Mit einem Schluck verschling ich dich!"
Der Igel sprach: „Verschlingen kannst du mich,
Allein, du kannst mich nicht verdauen."

Seite 26
Aufgabe 7:
Natürlich sollte man anderen helfen – man sollte sich vorher allerdings überlegen, ob die Hilfestellung wirklich sinnvoll ist.

Seite 27
Aufgabe 2:
(1) Mit lautem Knall schlug die Tür hinter ihnen zu.
(2) Manchmal brachte Musik ihn hoch.
(3) Straßen, Häuser, Läden, Autos, Passanten, immer dasselbe.
(4) Schwarz und Weiß sehen gut aus, dachte er, fehlt noch Blau.
(5) Dabei wurde sein Gesicht rot verschmiert.

Seite 28
Aufgabe 4:
falsch: Achim zieht sich an, um in die Schule zu gehen.
richtig: Achim zieht sich an, um seine Leute zu treffen.

Seite 29
Aufgabe 1:
Die Aussagen 4, 5, 6, 8 und 9 treffen zu.
Aufgabe 2:
Achim schob sich halb aus dem Bett . Fünf nach eins. Wieder mal zu spät . Er starrte gegen die Zimmerdecke . – Weiß. Nichts. Ein unbeschriebenes Blatt Papier, ein ungemaltes Bild, eine tonlose Melodie, ein ungesagtes Wort, ungelebtes Leben . Eine halbe Körperdrehung nach rechts, ein Fingerdruck auf den Einschaltknopf seiner Anlage . Manchmal brachte Musik ihn hoch . Er robbte zur Wand, zu dem großen Spiegel, der beim Fenster aufgestellt war, kniete sich davor und betrachtete sich : lang, knochig, graue Augen im blassen Gesicht, hellbraune Haare, glanzlos . „Dead Kennedys" sangen: „Weil sie dich verplant haben, kannst du nichts anderes tun als aussteigen und nachdenken." Achim wandte sich ab, erhob sich, ging zum Fenster und schaute hinaus. Straßen, Häuser, Läden, Autos, Passanten, immer dasselbe.
Aufgabe 3:
Vermutlich wird Achim sich durch die Textzeilen direkt angesprochen und verstanden fühlen: „Weil sie dich verplant haben ..."
Sie sind für ihn schuld, nicht er.

Aufgabe 4:
Zuerst sind alle genannten Farben eigentlich nicht als solche zu bezeichnen; alles ist farblos, weiß.
Später ist die Rede von schwarz, weiß und blau. Den Höhepunkt bildet die rote Farbe seines eigenen Blutes: „Dabei wurde sein Gesicht rot verschmiert."
Auf Achims Stimmung übertragen könnten die Farben seinen Stimmungsumschwung kennzeichnen. Dafür spricht auch sein Verhalten, das sich im Lauf der Kurzgeschichte wandelt.

Seite 30
Aufgabe 2:
„Sie" könnten in erster Linie seine Eltern sein. Weil die anderen Leute, von denen im Text die Rede ist, jedoch nur anonym als „sie" auftauchen, können damit auch andere Menschen in seiner Umgebung bezeichnet sein.
Aufgabe 3:
Sie werfen ihm vor, dass er nichts könne, nichts mache und somit aus ihm nichts werde. Genau davor haben sie Angst. Achim reagiert auf diese Aussagen zunächst mit Rückzug – er vergräbt sich unter Decke und Kissen.
Aufgabe 4:
Er malt es aus einer scheinbaren Laune heraus an. Beim Betrachten seines Gesichtes im Spiegel sieht er es an: „... lang, knochig, graue Augen im blassen Gesicht, hellbraune Haare, glanzlos." Die Idee, das Gesicht zu schminken, kommt ihm beim Betrachten.
Aufgabe 5:
Achim sieht, dass es sich um eine Maske handelt, es ist nicht sein wirkliches Gesicht, denn das ist nach wie vor farblos.
Aufgabe 6:
Das Spiegelmotiv hat eine zentrale Bedeutung für die Kurzgeschichte: Ein Spiegel reflektiert das oder den, der hineinschaut, in diesem Fall Achim. Die Autorin hat das Motiv des Spiegels in die grammatische Struktur des Textes übernommen, denn es finden sich hier zahlreiche reflexive Verben (fragte sich, schob sich, kniete sich usw.).
Aufgabe 7 und 8:
„Seine Leute" sind sicher Menschen, die ihm nicht vorhalten, er könne, mache, werde nichts, sondern ihn so „nehmen", wie er ist. Sollten sie ihn nach seinen Verletzungen fragen, würde er vermutlich ausweichend antworten und zu einer Notlüge greifen oder ganz offen darüber berichten. Letzteres ist wahrscheinlicher, da es sich ja um „seine Leute", also Gleichgesinnte, handelt.

Seite 31
Aufgabe 2:
Diese Kurzgeschichte könnte beispielsweise so interpretiert werden:
1. Einleitungssatz und Inhaltsangabe:
In der Kurzgeschichte „Im Spiegel" von Margret Steenfatt steht der junge Mann Achim im Mittelpunkt, es geht um seine Konflikte mit sich selbst und anderen.
Achim hat zum wiederholten Mal verschlafen und wird durch laute Vorwürfe geweckt. Nachdem er aufgestanden ist, schminkt er sein Gesicht auf dem Spiegel, zerstört ihn anschließend und verletzt sich dabei. Schließlich will er seine Leute treffen.
2. Analyse:
Zunächst fällt die häufige Wiederholung des Wortes „nichts" ins Auge; in den ersten drei Zeilen wird es siebenmal verwendet.
Zudem ist die Verwendung von reflexiven Verben sehr geschickt eingebunden: *Schob sich* Achim zu Beginn der Geschichte noch halb aus dem Bett, *kniet* er *sich* etwas später schon vor den Spiegel und *betrachtet sich*, er *wendet sich ab*, *erhebt sich*, *baut sich* vor dem Spiegel *auf* – sehr deutlich kommt hier der innere Antrieb Achims hervor. Zum Schluss *kleidet* er *sich an*. Die Verwendung der Verben zeigt die kontinuierliche Steigerung der Handlung.
Der Text wird chronologisch in den Zeitformen der Vergangenheit erzählt. Die Erzählerin bleibt in dieser Geschichte ganz im Hintergrund. Die Ereignisse werden dem Leser meistens aus der Außensicht gezeigt, z. B. als Achim die Schminke hervorkramt. Aber manchmal erfährt der Leser direkt, was in Achim vorgeht, beispielsweise in dem Moment, als er über sein Spiegelbild grinsen muss.
3. Deutung:
Der Titel „Im Spiegel" hat eine doppelte Bedeutung: Einerseits kann Achim sich selbst darin sehen, d. h., das Spiegelbild bezieht sich auf ihn zurück. Andererseits gibt es im Text viele reflexive Verben, die den Wandel von Passivität zu Aktivität im Inneren Achims dokumentieren. Dieser Wandel zeigt sich auch in der Wahl der Farben.
Schön ist der Schluss: Achim will runtergehen und seine Leute treffen. Im Gegensatz zu den anonym als „sie" bezeichneten Menschen am

Anfang der Geschichte stehen also nun „seine Leute" und der Wunsch, sie zu treffen, also sein eigener Antrieb, der zu Beginn gar nicht vorhanden war.
Der Ausgang der Geschichte gibt Anlass zur Hoffnung: dass Achim sich aufrappelt, Kontakt sucht und lebt – und nicht resigniert im Bett liegt und den ganzen Tag verschläft.

Seite 32
Aufgabe 1:
- Polizei und Gerichte müssen Tatabläufe, Vergehen und Verbrechen aufklären.
- Stellungen, Absichten, Reserven usw. des Gegners werden in Erfahrung gebracht.
- Man wird über Fragen von Liebe und Sexualität aufgeklärt.

Seite 34
Aufgabe 2:
Es gab sieben Kreuzzüge von 1096 bis 1291. Nach einem Aufruf von Papst Urban II. zogen mehrfach Kreuzritter (Angehörige eines christlichen Ordens) und bewaffnete Landsknechte aus. Sie sollten die „Heiligen Stätten" der Christen (Jerusalem, Naher Osten, Türkei) von der islamischen Herrschaft „befreien". Neben religiösen Zielen ging es bei den Kreuzzügen auch um politische und wirtschaftliche Interessen.
Aufgabe 3:
Man soll sich seines Verstandes bedienen und nicht an Wunder glauben. Nathan ist der Auffassung, dass der Tempelherr eine reale Person ist und sein Verschwinden natürliche Ursachen hat.
Aufgabe 4:
„ ... dem Menschen ist ein Mensch noch immer lieber als ein Engel (...)."

Seite 36
Aufgabe 1:
Eine Parabel ist ein Gleichnis, eine lehrhafte Erzählung, die eine allgemeingültige Wahrheit an einem Beispiel (als Vergleich) sichtbar macht. Lessing vergleicht die drei Religionen Islam, Christen- und Judentum mit drei völlig gleichen Ringen.
Aufgabe 2:
„Möcht auch doch die ganze Welt uns hören."
Aufgabe 4:
NATHAN: „... der rechte Ring war nicht erweislich. – (...) fast so unerweislich, als uns jetzt – der rechte Glaube."

Aufgabe 5:
weise = klug, besonnen, mit reicher Lebenserfahrung. Nathan beweist diese Eigenschaften mit seinen Darlegungen.

Seite 37
Aufgabe 1:
Lichtenberg: C; Klopstock: A; Wieland: B und D
Aufgabe 2 (mögliche Lösungen):
Lichtenberg: Die Menschen sollen Selbstbewusstsein, Verstand und den Willen entwickeln, um die Wirklichkeit erkennen zu können und um notwendige Veränderungen einzuleiten.
Klopstock: Die Lehrer sollen ihren Unterricht so gestalten, dass die Schüler Freude daran haben und gern lernen. Ein Buch kann einen guten Lehrer nicht ersetzen.
Wieland: Die Menschen sollen erkennen, dass es keine absolute Wahrheit gibt. Anderen Auffassungen und Überzeugungen soll man tolerant gegenübertreten.

Seite 38
Aufgabe 1:
a) der Schiedsrichter, das Tor, der Spieler, der gegnerischen Mannschaft, im Abseits;
b) die Aufnahmen der Überwachungskamera, bei der (...) Person, eine Sie;
c) die Tür des Restaurants, kein Irgendjemand, die Bundeskanzlerin;
d) die Redner, bei der Diskussion, bei diesem Problem, die Vergangenheit, die Bedeutung, im Hier und Jetzt;
e) ihre Zwei, im letzten Test, mit viel Arbeit;
f) durch das Rein und Raus, keine Ruhe, die Veranstaltung;
g) aus ihrer (...) Zusammenarbeit, ein Gegeneinander;
h) seine Rolle, der Schurke, im letzten Fernsehkrimi, über Nacht, aus dem Niemand, ein begehrter Star;
i) für alle Anwesenden, ihr Nein, bei der Abstimmung.

Seite 39
Aufgabe 1:
zum *Beobachten*, beim *Rasten*, beim *Ausruhen*, im *Stehen*, zum *Fressen*, das *Überwintern*, zum beschwerlichen *Weiterfliegen*, zum *Überleben*, das *Rasten*, ihr *Verhalten*

Seite 40
Aufgabe 1:
a) Unglaubliches; b) – ; c) Altes; d) Interessantes; e) – ; f) Neue; g) nichts Ungewöhnliches; h) – ; i) das Rot; j) – ; k) Wertvolles

Seite 41
Aufgabe 2:
Mikroelektronik, Medizin, Mikrotechnologie, Computerbranche, Entwicklung, Medizin, Elektronik, Unglaubliches, Kranke, Hilfe, Zukunftsvision, Blinde und Taube, Zukunft, Lösung, Mikrochip, ein Hoffen, Erfolge, Elektronik-Bauteilchen, durch das Einpflanzen, Hightech-Winzlinge, Körper, Funktionen, Organen, Menschen, dem unsichtbaren Funktionieren, Herzschrittmachern, ihr Leben, das Einpflanzen, Mikrochips, Auge, Haut, Ohr, Entwicklungsschritt, das Implantieren, Prothesen, nichts Außergewöhnliches, Deutschland, 10 000 Hörgeschädigte, Hörprothese, Zahl, Eingriffe, Kindern, etwas Neues, Diagnose, Mikrochips, beim Einsetzen, Chips, Adern, Daten, Blutwerte, Chips, zum Auswerten und Senden, Blutwerte, am kontrollierten Verabreichen, Medikamenten, Mikrochips, Medikamente

Seite 42
Aufgabe 1:
1) a) zu blinzeln, b) zublinzeln
2) a) zudecken, b) zu decken
3) a) zudrehen, b) zu drehen
4) a) zu fahren, b) zufahren
5) a) zupacken, b) zu packen
6) a) zufliegen, b) zu fliegen

Seite 43
Aufgabe 2:
1) dahin gehen, 2) daherkommt, 3) dahinterstehen, 4) daransetzen, 5) dazu geschwiegen, 6) wieder tun, 7) wiederbelebt, 8) vorangehen, 9) darum bitten, 10) daneben steht
Aufgabe 3:
sich danebenbenehmen, darunter leiden, wegsehen, sich auseinandersetzen

Seite 44
Aufgabe 1:
knab-bern, am kühns-ten, ent-schei-den, bloß-stel-len, voll-en-den, dunk-le (Nacht), Miss-stand, viel-leicht, Most-rich, Stress-si-tu-a-ti-on, städ-tisch, Karp-fen
Aufgabe 2:
Radio-fachgeschäft, Aussichts-turm, Nach-teile, Schul-uni-form
Aufgabe 3:
ab-erkannt, Still-legung, Kreis-elternrat, Spargel-ernte, Rekord-ernte, Privat-eigentum

Seite 45
Aufgabe 1:
1) Identität – identisch;
2) Effektivität – effektiv;
3) Aggressivität – aggressiv;
4) Brutalität – brutal;
5) Qualität – qualitativ;
6) Realität – real, realistisch;
7) Spontaneität – spontan;
8) Kontinuität – kontinuierlich;
9) Spezialität – speziell
Aufgabe 2:
Grammophon – Grammofon, Charme – Scharm, Code – Kode, pushen – puschen, cirka – zirka, Grizzlybär – Grislibär, Differential – Differenzial, Facette – Fassette, Graphik – Grafik
Aufgabe 3 :
katholisch, triumphal, charmant/scharmant, rhythmisch, synthetisch, differentiell/differenziell, graphisch/grafisch, alphabetisch

Seite 46
Aufgabe 1:
Zum Verständnis oder zur Anschaulichkeit des Textes tragen folgende Adjektive bei:
unerklärliches, sandkorngroßes, betreffende, beträchtlichen, größer, mysteriöse, extrem hellen, taghell, telefonisch, erstaunliche
Aufgabe 3:
Der Polizeisprecher sagte weiter, der (...) Blitz sei fast so hell gewesen, als hätte jemand da oben eine riesengroße Neonröhre für kurze Zeit eingeschaltet. Das beängstigende Schauspiel habe vielleicht zwei Sekunden gedauert. Einige (...) Zeugen glaubten, ein unbekanntes Flugobjekt, ein Ufo, gesehen zu haben.

Seite 47
Aufgabe 1:
eilig, morgengrauen, erstes, flackernd, taghell, dunkle, wenige, furchtbar, andere, entsetzt, erleuchteten, erschrockenen, heiseres, kurzen, einfliegendes, nächsten, merkwürdige, fremdes, knappe, komische, folgenden, regionalen, fantastische, verglühenden, natürliches

Seite 48
Aufgabe 1:
gestiegen war, sah, stand, lachte und winkte, dachte, wird vergessen haben, kommt, breitet, wird umarmen, rennt, wird übersehen haben, drehte, sah, nimmt, hörte, hast gewartet, antwortete, warte, hat gegeben, ließ, wird erklären müssen, dachte

Seite 49
Aufgabe 2:
1) Präsens, 2) Präsens, 3) Plusquamperfekt, 4) Perfekt, 5) Präsens, 6) Präsens, 7) Präsens, 8) Perfekt, 9) Präsens, 10) Präsens, 11) Präsens, 12) Präteritum, 13) Futur I, 14) Futur II, 15) Perfekt, 16) Präteritum, 17) Präsens, 18) Futur I, 19) Perfekt, 20) Perfekt, 21) Futur I, 22) Futur II, 23) Präteritum, 24) Präsens, 25) Perfekt, 26) Futur I, 27) Präsens, 28) Perfekt, 29) Futur II, 30) Plusquamperfekt.
Möglich wäre auch das Perfekt in den Sätzen 3), 12), 16), 22), 23), 29), 30) und das Präsens in Satz 13).

Seite 50
Aufgabe 2:
Er sagte wahrscheinlich so etwas wie: „Das ist schon schlimm genug! Aber an den Kiesseen erst! Da sieht es wirklich saumäßig aus. Wenn man dort baden möchte, liegt man buchstäblich mitten im Müll."
Aufgabe 3:
Tabea Reiter fügte hinzu, wo jemand einen Haufen von Sperrmüll ablade, werfe auch bald ein anderer einen weiteren Berg dazu. Deswegen, so der Gemeindesprecher, sei jeder dazu aufgerufen, sich die Nummernschilder von Autos zu notieren, aus denen unerlaubt Müll ausgeladen werde.

Seite 52
Aufgabe 1 und 2:
Tobias erzählte, er sei gestern im Kino gewesen.
Paula sagte, sie sei auch dort gewesen.
Tobias fragte, ob ihr der Film gefallen habe.
Paula antwortete, sie habe ihn langweilig gefunden.
Da sagte Tobias, ihm habe er gefallen.
Und er fragte sie listig, ob sie denn allein dort gewesen sei.
Paula ergänzte, sie sei mit ihrem Freund dort gewesen.
Tobias meinte, dann sei der wohl langweilig gewesen. Der Film sei jedenfalls spannend gewesen.
Da antwortete sie schlagfertig: „Mit mir zusammen hättest du ihn noch spannender gefunden!"
„Das kann gut möglich sein", sagte er.
„Aber ich war zum Glück auch nicht allein dort."
„Na dann kannst du auch einen langweiligen Film spannend finden!", meinte sie spöttisch.

Seite 53
Aufgabe 1: bitten, du bittest, er bat, sie bäte
brechen, du brichst, er brach, sie bräche
denken, du denkst, er dachte, sie dächte
essen, du isst, er aß, sie äße
fahren, du fährst, er fuhr, sie führe
fallen, du fällst, er fiel, sie fiele
fliegen, du fliegst, er flog, sie flöge
fließen, es fließt, es floss, es flösse
frieren, du frierst, er fror, sie fröre
geben, es gibt, es gab, es gäbe
gehen, du gehst, er ging, sie ginge
gewinnen, du gewinnst, er gewann, sie gewänne
haben, du hast, er hatte, sie hätte
halten, du hältst, er hielt, sie hielte
kommen, du kommst, er kam, sie käme
lassen, du lässt, er ließ, sie ließe
nehmen, du nimmst, er nahm, sie nähme
schlafen, du schläfst, er schlief, sie schliefe
sehen, du siehst, er sah, sie sähe
sein, du bist, er war, sie wäre
sitzen, du sitzt, er saß, sie säße
werden, du wirst, er wird, sie würde

Seite 54
Aufgabe 2:
Wenn ich könnte, was ich wollte,
wenn ich nur nicht so viel sollte!
Wenn ich eine Liebste fände,
mir kein Feind im Wege stände!
Wenn kein Mensch in Kriege zöge,
niemand andere mehr belöge!
Wenn ich etwas weniger wöge!
Wenn nur sauberes Wasser flösse,

Glück nur über mich ergösse!
Wenn man mir nur Lob zuspräche,
keine Freundschaft mehr zerbräche.
Wenn genügend Geld ich hätte!
Wenn mir jeder Gutes täte!
Wenn mir alles stets gelänge
und mich keiner zu was zwänge!
Ja, wie wäre ich dann froh!
Aber, ach, es geht auch so!

Seite 55
Aufgabe 1:
Satz 1: Aktivsatz, Futur I
Satz 2: Passivsatz, Präsens
Satz 3: Passivsatz, Perfekt
Satz 4: Aktivsatz, Futur I
Satz 5: Passivsatz, Präteritum
Satz 6: Passivsatz, Präsens
Satz 7: Passivsatz, Plusquamperfekt
Satz 8: Passivsatz, Futur I
Aufgabe 2:
a) August der Starke liebte die Jagd und das Essen.
b) Oft richtete er große Bälle und Feste aus.
c) Von den meisten Gästen wurde kräftig zugelangt und üppig getafelt.
d) Nach dem Essen wurden einige Gäste sogar von Dienern gewogen.
e) Zuvor hatten sie ganze Hühner und Schweinslenden verdrückt.
f) Ein Generalleutnant hat innerhalb von acht Jahren am Hofe 150 Pfund „draufgepackt".
g) Das Gewicht Augusts des Starken ist von Geschichtsschreibern mit 122 kg angegeben worden – bei 1,76 Meter Körpergröße eine ganze Menge!

Seite 56
Aufgabe 1:
1) B/C
2) B
3) A
4) C
5) B
6) B
7) C
8) B/C
9) A
10) B

Seite 57
Aufgabe 1:
a) Bei diesem Problem verließ er sich lieber auf den Rat seines Vaters.
b) Der Fahrradfahrer prallte direkt vor der Hofeinfahrt gegen das Auto.
c) Das Publikum lachte während der Vorstellung schallend über die Späße der beiden Clowns.
d) Ab nächster Woche beginne ich mit dem Training in der ersten Damenmannschaft.
e) Nach dem Schulwechsel gewöhnt sich Sina immer mehr an die neue Klasse.
f) Patrick drückt sich schon seit einer Woche geschickt vor dem Aufräumen des Partykellers.
Aufgabe 2:
a) Während des Festes gewinnt ein kleines Mädchen **an einer Losbude** (Adverbial) den Hauptpreis.
b) Der junge Politiker gewinnt in seiner Partei zunehmend **an Einfluss** (präpos. Objekt).
c) Sanne kommt jeden Morgen **von der anderen Seite der Stadt** (Adverbial) mit dem Fahrrad zur Schule.
d) André kommt trotz aller Versuche **von seiner verflossenen Freundin** (präpos. Objekt) nicht los.
e) Der Boxer geht gleich zu Beginn des Kampfes ungestüm **auf seinen Gegner** (präpos. Objekt) los.
f) Der Orientierungslauf beginnt zuerst **auf einem befestigten Weg** (Adverbial), bevor es ins Gelände geht.

Seite 58
Aufgabe 1:
a) Die Löwin, eine erfahrene Jägerin (Apo. A), näherte sich vorsichtig der erhofften (Adj.-A) Beute.
b) Wegen der Erkrankung des Sängers (Gen.-A) musste das geplante (Adj.-A) Konzert leider ausfallen.
c) Unsere siegreiche (Adj.-A) Schulmannschaft, die die Stadtmeisterschaft gewonnen hatte (Rel. A), bekam einen tollen (Adj.-A.) Empfang.
d) Diese hellblauen (Adj.-A) Jeans mit den roten Nähten (präp. A) sahen einfach teuflisch gut aus.
e) Der Verlust ihres lieben Hundes (Gen.-A) machte alle sehr traurig.
Aufgabe 2:
a) Ihre Mathelehrerin konnte das Problem *mit wenigen Worten* (S) auflösen.

b) Ein Gedicht *mit wenigen Wörtern* (A) sagt manchmal mehr aus als ein langer Text.
c) Die Fußballmannschaft *aus England* (A) hat die dänische Mannschaft *in Italien* (S) besiegt.
d) Gestern Abend raste ein Auto *mit hoher Geschwindigkeit* (S) durch die Innenstadt.
e) Kommt der Spargel *aus Deutschland* (S) oder ist das Spargel *aus Griechenland* (A)?
f) Am Straßenrand stand ein Auto *mit vielen Beulen* (A).

Seite 59
Aufgabe 1:
Satzreihen: 1), 2), 6)
Satzgefüge:
3) Es gibt Überlieferungen, <u>dass die ersten „Fußbälle" aus zusammengenähten Fellen bestanden</u>.
4) Erst im europäischen Mittelalter wurden in England, Frankreich und Italien treibballähnliche Kampfspiele betrieben, <u>bei denen ganze Ortschaften gegeneinander antraten</u>.
5) So wie heute kämpften sie schon damals verbissen und unter Einsatz aller Mittel um den Ball, <u>den sie querfeldein durch das gegnerische Dorf- oder Stadttor zu treiben versuchten</u>.
7) <u>Nachdem das Spielen mit der Hand untersagt worden war</u>, entwickelte sich die Art von Fußball, <u>die wir noch heute kennen</u>.

Seite 60
Aufgabe 1:
1) Das Spiel begann später, weil der Schiedsrichter nicht pünktlich ins Stadion gekommen war.
2) Die Mannschaft versuchte alles und kämpfte, trotzdem hat sie das Spiel am Ende verloren.
3) Wir zeigten am Anfang des Spiels gute Kombinationen, deshalb hatten wir noch Hoffnung auf den Sieg.
4) Wir blieben vor Enttäuschung noch lange auf dem Spielfeld sitzen, sodass wir unsere Heimfahrt erst später antreten konnten.
5) Auch im Bus blieben wir länger als sonst, ehe wir einzeln enttäuscht nach Hause gingen.
6) Dadurch waren wir erst spät zu Hause, doch mussten wir heute schon wieder zeitig zum Training erscheinen.

Seite 61
Aufgabe 1:
a) *Weil plötzlich ein Gewitter einsetzte*, mussten wir uns schnell unterstellen. (Adverbial)
b) *Das unentschuldigte Fehlen Andis in der Mathestunde* hatte für ihn sehr unangenehme Folgen. (Subjekt)
c) Unsere Freunde aus Estland informierten uns telefonisch, *dass sich ihre Ankunft in Kiel leider verspätet*. (Objekt)
Aufgabe 2:
a) *Weil Mark sein Frühstück vergessen hat*, muss er noch einmal zurückgehen.
b) Carolin und Max, *die seit einem Monat fest miteinander befreundet sind*, setzen sich auf die Bank unter dem Kastanienbaum.
c) Plötzlich kommt der Bruder von Carolin, *der in die fünfte Klasse geht*, und will sich zu den beiden setzen.

Seite 62
Aufgabe 1:
12-Jähriger: (englischer) Schüler – Paul MacKay – sein (Leben) – dem Jungen – seinem (Körper) – des (verängstigten) Kleinen – der arme Kerl – des Kindes – der (kleine) Patient
Bauarbeiter: der (zufällig vorbeigekommene) Mann – er – der Bauarbeiter – ich
Aufgabe 2:
Wespen(stich): Wespenschwarm – Wespen – die (stechenden) Insekten – Stiche – die aggressiven Tiere

Seite 63
Aufgabe 2: Änderungsvorschläge
(2) *Die Steine* werden abwechselnd aufs Feld gesetzt.
(3) *Dabei* will man möglichst rasch eine Mühle legen.
(4) *Eine Mühle* ist eine Reihe von drei eigenen Steinen.
(6) *Dabei* darf aus einer geschlossenen Mühle des Gegners kein Stein entnommen werden.
(8) *Diese Taktik wendet man an*, um dem Gegner erneut einen Stein abnehmen zu können.
(12) *Dann* ist er in seinem Spiel überhaupt nicht mehr eingeschränkt.

Seite 64
Aufgabe 1:

In der Knesset, das ist das israelische Kabinett, ist einmal etwas Ausgefallenes passiert.

Während einer Sitzung dieses Parlaments wollte ein Abgeordneter die Abstimmung über den so wichtigen Staatshaushalt hinauszögern. Um sein Vorhaben zu realisieren, meldete er sich zu Wort und begann zu reden. Eine Stunde, zwei Stunden, drei Stunden. Seine Rede wollte einfach kein Ende nehmen.

Geschlagene zehn Stunden „plauderte“ er in die Mikrofone.

Er sprach unter anderem über das Wetter.

Er gab historische Erläuterungen über die Französische Revolution.

Immer wieder ließ sich der Sprecher etwas Neues einfallen.

So machte er längere Ausführungen zu sprachgeschichtlichen Aspekten des Wortes „Filibuster“. Für die „Unkundigen“ im Saal erklärte er auch die Bedeutung des Wortes.

Es ist die Bezeichnung für Seeräuber im 17. Jahrhundert.

Und das in einem Parlament, unvorstellbar!

Natürlich wurde bei den Abgeordneten daraufhin die Ungeduld immer größer.

Sie mussten etwas unternehmen, um den Redefluss ihres Kollegen zu stoppen.

So kamen sie auf die Idee, eine Bombendrohung vorzutäuschen. Aber selbst davon ließ sich der Langstreckenredner nicht beirren.

Unbeirrt von diesen Bemühungen setzte er seine Rede fort.

Seine Rede ging in die Geschichte der Knesset ein.

Er hält den Rekord im Dauerreden.

Seite 65
Aufgabe 1:

(1) anders gesagt	↔
(2) das	←
(3) Zum einen	↔
(4) zum anderen	↔
(5) die	←
(6) das	←
(7) So ähnlich	↔
(8) sie	←
(9) daraus	←
(10) Dieser	←
(11) darauf	→
(12) Tatsächlich	↔
(13) sie	←
(14) damit	←

Seite 66
Aufgabe 1:
Die Menge der Lügen hängt offenbar ab vom Medium.
Dies hat ein Psychologe mit seinen Studenten herausgefunden.
In einer Untersuchung führten die Studenten des Forschers Tagebuch.
Darin zählten sie sämtliche Gespräche und E-Mail-Kontakte.
Sie notierten auch die darin enthaltenen Lügen.
Anschließend zählte der Psychologe die Anzahl der Lügen in jedem Medium.

Dabei war das Telefon mit 37 % der unangefochtene Spitzenreiter.
Das liegt vermutlich an der Unsichtbarkeit des Partners.
Deswegen nimmt man es wohl beim Telefonieren mit der Wahrheit nicht so genau.
Darauf folgte mit 27 % das Alltagsgespräch.
An dritter Stelle standen mit 21 % die Lügen in der Internetdiskussion.
Am Ende rangierte mit rund 14 % die elektronische Post.
Die E-Mails sind also offenbar das ehrlichste Medium.

Seite 67
Aufgabe 1:
Gestern bekam Paula Besuch von ihrem Freund Sascha.
Sie machte gerade ihre Mathe-Aufgaben.
So recht weiter kam sie aber damit nicht.
Aber zu Ende bringen musste sie die Sache erst noch!
Dabei konnte sie Saschas Hilfe gut gebrauchen.
Also bat sie ihn um Hilfe.
Der ließ sich aber faul aufs Sofa fallen.
Von dort aus zappte er im Fernseher herum.
Damit war er erst einmal abgetaucht.
Hilfe suchend sah Paula zu Sascha hinüber.
Geholfen hat ihr der Typ aber nicht.
„Glotze gucken kannst du auch zu Hause!“, sagte sie.
Tatsächlich machte er sich wieder davon.
Ihre Mathe-Aufgaben hat Paula am Ende dann ganz allein hingekriegt.

Quellen

Texte

Seite 4:
Statistische Daten: BIBB, DIHK; Stand 2003.
Hrsg.: Bundesverband deutscher Banken, Berlin, verantwortlich: Prof. Dr. Wilhelm Bürklin; Redaktion: Gaby Dickau, Annette Mathies
Internet: www.schulbank.de
Text und Diagramm: Originalbeiträge
Seite 8:
Andrea Mertes: Debatten online. Weblogs entwickeln sich zum Standort für engagierte Diskussionen (gekürzt und bearbeitet). Aus: Frankfurter Rundschau vom 23.3.2005
Seite 12:
Unter der Oberfläche brodelt das Leben.
Nasa findet flüssiges Wasser auf dem Mars. Aus: Freie Presse vom 8.12.2006
Seite 24:
Gottlieb Conrad Pfeffel: Der Igel. Aus: Karl Wolfgang Becker (Hrsg.): Deutsche Fabeln aus neun Jahrhunderten. Reclam, Leipzig 1991, S. 275
Seite 25:
Christian Fürchtegott Gellert: Die Seemuschel und der Krebs. Aus: ebd., S. 195
Seite 27:
Margret Steenfatt: Im Spiegel. Aus: Augenaufmachen. 7. Jahrbuch der Kinderliteratur. Hrsg. von Hans-Joachim Gelberg, Beltz Verlag, Weinheim/Basel 1984
Seite 32:
Lexikontext „Aufklärung" (gekürzt). Aus: Meyers Taschenlexikon in 10 Bänden. Bd. 1. B. I. Taschenbuchverlag, Mannheim/Leipzig/Wien/Zürich 1999, S. 260 f.
Zitat von Immanuel Kant. Aus: Christian Weise: Trauerspiel von dem neapolitanischen Haupt-Rebellen Masaniello und andere Dichtungen. Nachwort von Klaus Schaefer. Verlag Philipp Reclam jun., Leipzig 1986, S. 322
Seite 33:
Einleitungstext zu Gotthold Ephraim Lessing. Nach: Lessings Werke in fünf Bänden. 1. Bd. Einleitung von Thomas Höhle. 10. Auflage, Aufbau-Verlag, Berlin und Weimar 1988, S. VI ff.
Seite 33:
Auszug aus einem Brief Lessings an den Herzog Karl von Braunschweig (leicht gekürzt, teilweise orthographisch aktualisiert). Aus: Lessings Briefe in einem Band, 2. Auflage, Aufbau-Verlag, Berlin und Weimar 1983, S. 397 ff.
Seite 34–36:
Alle Textauszüge aus: Gotthold Ephraim Lessing: Nathan der Weise. Ein dramatisches Gedicht. Verlag Offenburg, Mainz 1946
Seite 37:
Zitat von Georg Christoph Lichtenberg. Aus: Lichtenbergs Werke in einem Band, 4. Auflage, Aufbau-Verlag, Berlin und Weimar 1982, S. 164
Zitat von Friedrich Gottlieb Klopstock. Aus: Klopstocks Werke in einem Band, 4. Aufl. Epigramme. Aufbau-Verlag, Berlin und Weimar 1983
Zitat von Christoph Martin Wieland. Aus: Wielands Werke in vier Bänden. 4. Bd. Aufbau-Verlag, Berlin und Weimar 1967, S. 137 ff.

Bilder

Seite 9:
Handelsblatt-Grafik: Weblogs. Viele Firmen ignorieren die Entwicklung. 21.10.2005
© Handelsblatt GmbH, Düsseldorf

Wörterliste

absolvieren
aggressiv
Aggressivität
akzeptieren
alarmieren
Alphabet
alphabetisch
Analyse
Anapäst
Attribut
brutal
Brutalität
Chance
charmant
Charme
cirka
Code
Daktylus
denken
  du denkst
  er dachte
  sie dächte
Detail
Differential
differentiell
Differenzial
Diskretion
Diskriminierung
Diskussion
Dutzend
effektiv
Effektivität
E-Mail
essen
  du isst
  er aß
  sie äße
Facette
Fassette
finden
  du findest
  er fand
  sie fände
geehrte
Grafik
grafisch
Grammofon
Grammophon
Graphik
graphisch
Grislibär
Grizzlybär
gutheißen
haben
  du hast
  er hatte
  sie habe
identisch
Identität
individuell
interpretieren
Interpretation
interessieren
Jambus
Kabinett
katholisch
Kode
kommen
  du kommst
  er kam
  sie käme
Konditionen
kontinuierlich
Kontinuität
Krise
Kritik
Leidtragende
Mathematik
Medienkompetenz
Medium
Mikrofon
Mikrophon
Missverständnis
mogeln
mysteriös
panisch
Passanten
persönlich
Phänomen
Praktika
Praktikum
Prothesen
Provokation
Psychologe
puschen
pushen
qualitativ
Qualität
Rabatt
realistisch
Realität
Renaissance
rhythmisch
Rhythmus
rufen
  du rufst
  er rief
  sie riefe
Scharm
scharmant
schlafen
  du schläfst
  er schlief
  sie schliefe
Schlüsselqualifikationen
schmal
singen
  du singst
  er sang
  sie sänge
Sonett
Spezialität
speziell
spontan
Spontaneität
Spuk
Stadttheater
Synthese
synthetisch
tabellarisch
Teamfähigkeit
These
triumphal
Trochäus
tun
  du tust
  er tat
  sie täte
ungestüm
voraussichtlich
Widerspruch
wohlbekannt
ziehen
  du ziehst
  er zog
  sie zöge
zirka